主　编　浙江五洲工程项目管理有限公司　杭州千城建筑设计集团股份有限公司
副主编　浙江财经大学

未来社区建设指南

理念与实践

Guide for Future Community Construction

Idea and Action

蒋廷令　著

中国经济出版社
CHINA ECONOMIC PUBLISHING HOUSE
·北　京·

图书在版编目（CIP）数据

未来社区建设指南：理念与实践/蒋廷令著；浙江五洲工程项目管理有限公司，杭州千城建筑设计集团股份有限公司主编. --北京：中国经济出版社，2021.8
ISBN 978-7-5136-6503-2

Ⅰ.①未… Ⅱ.①蒋… ②浙… ③杭… Ⅲ.①社区建设-研究-中国 Ⅳ.①D669.3

中国版本图书馆 CIP 数据核字（2021）第 124831 号

责任编辑　姜　静
责任印制　马小宾
封面设计　任燕飞工作室

出版发行　中国经济出版社
印 刷 者　北京富泰印刷有限责任公司
经 销 者　各地新华书店
开　　本　710mm×1000mm　1/16
印　　张　13.75
字　　数　223 千字
版　　次　2021 年 8 月第 1 版
印　　次　2021 年 8 月第 1 次
定　　价　78.00 元
广告经营许可证　京西工商广字第 8179 号

中国经济出版社 **网址** www.economyph.com **社址** 北京市东城区安定门外大街 58 号 **邮编** 100011

主创团队

主　　笔　蒋廷令　姚佳丽　严国飞　董永贤
　　　　　黄　莉　鲁　嘉

创作支持　刘小英　徐可西　孙　勇　张俊骅
　　　　　李兴奎　徐　佳　夏巨伟　徐　诚

内容支持　江观全　钱婷娜　王　遥　吴峻涛
　　　　　丁康俊　姚时辉　姜　佐　成安琪
　　　　　谭　江　黄　玉　丁　浩　张　璐
　　　　　钟加晨　余大为　杜泽杭　吕　望
　　　　　邹　滔　姜　雯　朱恬岚　杨育杰
　　　　　姜海杰　郑　科　王煜爽　吴卓凡
　　　　　王　伟

序

在浙江省全面启动未来社区创建工作之际，浙江五洲工程项目管理有限公司、杭州千城建筑设计集团股份有限公司主编的《未来社区建设指南：理念与实践》即将付梓，谨向该书的出版表示热烈祝贺。本书从理论和实践两个层面对未来社区建设进行了系统总结，诠释了何谓未来社区、未来社区何为，对继续探索未来社区的新模式、新路径、新技术具有参考价值。

习近平总书记指出："人民对美好生活的向往，就是我们的奋斗目标。"未来社区建设是构建以人为核心的城市现代化平台、满足人民对美好生活向往的重要举措，也是转变城市发展方式、推动高质量发展的重要举措。

未来社区要坚持发展导向，推动高质量发展。在后疫情时代，加大基础设施投资建设力度是拉动经济的重要抓手，在政府不能继续负债的背景下，要解决未来社区建设的大量资金投入，关键要深入研究土地，做好级差地租的文章。近两年，上海、浙江等地出台的有关支持"新基建"相关政策的亮点，在于充分利用了城市三大类基础设施建设产生的土地溢出效应，即地租和级差地租。比如，2019 年 11 月，《浙江省人民政府办公厅关于高质量加快推进未来社区试点建设工作的意见》（浙政办发〔2019〕60 号）提出的"科学合理确定地块容积率、建筑限高等规划技术指标""允许试点项目的公共立体绿化合理计入绿地率""支持试点项目合理确定防灾安全通道、架空空间和公共开敞空间不计费容积率""'带方案'进行土地公开出让"等；又如，2020 年 4 月，《上海市扩大有效投资稳定经济发展的若干政策措施》（沪府办规〔2020〕3 号）提出的"存量工业用地经批准提高容积率和增加地下空间的，不再增收土地价款""支持利用划拨土地上的存量房产发展新业态、新模式，土地用途和权利人、权利类型在 5 年过渡期内可暂不变更""精准实施混合用地出让、容积率提升、标准厂房分割转让、绿化率区域统筹”等。这些政策的出台值得高度关注，要进一步坚持“XOD”模式，广泛应用“XOD+PPP+EPC”模式，对城市基础设施和城市土地进行一体化开发和利用，通过完善政策供给、创新开发模式，探索提高土地利用效率和投资强度，破解未来社区的建设成本问题。

未来社区要坚持问题导向，创造高品质生活。迈入21世纪以来，杭州在做好“面子”的同时，更加重视“里子”，实施了以“背街小巷改善工程”为代表的“四大改善工程”（危旧房改善工程、庭院改善工程、老旧小区物业改善工程），创造了以“四问四权”为基础的“民主促民生”工作机制，推动城市从政府一家管理向党政界、知识界、企业界、媒体界、市民界“五界联动”的现代治理转变。未来社区建设以更新改造类为主，更新改造的重点是实施新一轮城市有机更新，补齐老旧小区的城市基础设施短板。要将未来社区建设与新一轮旧改有机结合起来，既要对传统基础设施进行数字化改造，也要建立以物联网为代表的数字化基础设施，推动经济类、社会类、生态类三大类基础设施的社区化。

未来社区要坚持治理导向，实现高水平治理。一流城市要有一流治理。建设未来社区，要把提升社区治理体系和治理能力摆在更加重要位置，坚持试点创新，深化市场化改革，探索商业化模式，破解治理的资源和成本问题。要在街区、城区等更大的空间尺度上探索治理成效，系统化破解教育、健康等事关民生的创新场景的落地成本问题。例如，天元公学就是充分利用存量学校等土地，按照“EOD”模式发展理念对周边土地进行开发利用，做好优地优用文章，将社区与学校融合到一起，推动教育场景落地，打造了教育导向型公园社区的样板。

城市是一个开放的、复杂的巨系统，社区是城市十分重要的子系统。建设未来社区，要以系统科学的方法，科学系统地推动社区高质量发展、高品质生活、高水平治理，提高经济密度、提升管理精度、传递治理温度，让我们的城市、社区成为人民群众追求更美好生活的有力依托。

王国平

2021年8月于杭州

前　言

社区是现代城市社会治理的基本功能单元，更是提升市域社会治理现代化水平、满足人民日益增长的美好生活需要的重要载体。2019 年，未来社区建设首次被写入浙江省《政府工作报告》，标志着未来社区建设被纳入省级战略。未来社区建设是社区建设模式的创新，是社区治理的创新，更是浙江省对满足人民美好生活需要的重大举措。然而在我国内地，未来社区这一概念还尚显陌生。未来社区建设是一项探索性创新工作，未来社区建设需要相关理论与实践经验指导。基于上述背景，我们撰写了本书。本书主要包括以下三方面内容。

（1）厘清未来社区的内涵与外延。阐述社区概念，系统梳理社区建设基础理论及社区建设典型模式，从理论上对未来社区的内涵及其特征进行阐述。

（2）提炼未来社区建设经验。通过对全球社区建设典范国家与地区的社区建设背景、建设理念以及建设最佳实践案例的深入分析与总结，提炼优秀经验，为浙江省未来社区建设提供参考。

（3）总结浙江省未来社区建设实践。对五洲·千城未来社区建设实践案例的项目定位、空间布局与形态、功能配置与建设内容、场景系统打造、建筑运营管理等进行展示与分析，总结了浙江省未来社区建设的实践经验。

本书力图呈现未来社区建设理论研究与实践操作的融合成果，为此组建了一个产学研一体的撰写团队。这个团队由研究团队和实务团队组成。研究团队是浙江财经大学公共管理学院的未来社区建设研究团队，在社区治理、社区建设、工程项目管理等方面拥有丰富的研究积淀，为本书提供了严谨的理论支撑；实务团队为浙江五洲工程项目管理有限公司和杭州千城建筑设计集团股份有限公司，主要负责本书未来社区建设案例部分内容的提供。浙江五洲工程项目管理有限公司是一家以全过程工程咨询和工程总承包为核心战略的顾问公司、工程公司，公司业务类型涵盖全专业、全产品。杭州千城建筑设计集团股份有限公司是一家以甲级建筑设计院和综合性项目管理公司为母体，以工程总承包和全过程工程咨询为核心主业的科技创新型工程集团。

蒋廷令、姚佳丽、黄莉、徐可西、鲁嘉共同负责本书的整体章节策划和内容安排。全书分为三部分：第一部分是理论分析，回顾社区概念、社区建设理念，厘清未来社区的内涵与外延，包括第一章与第二章；第二部分是社区建设国际经验，包括新加坡、日本与中国香港地区社区建设的理念与最佳实践，涉及第三章至第五章；第三部分是浙江省未来社区建设实践，主要为浙江省未来社区建设现状、五洲·千城未来社区建设案例分析以及对浙江省未来社区建设的展望，覆盖第六章到第八章。

全书章节内容和撰写分工如下：第一章讲述社区发展以及未来社区建设提出的背景，由徐可西撰写；第二章在阐述社区概念的基础上，系统梳理了社区建设理念的发展，由黄莉撰写；第三章至第五章为新加坡、日本与中国香港地区社区建设国际经验总结，由徐可西、黄莉等撰写；第六章为浙江省未来社区建设实践，由蒋廷令、姚佳丽、严国飞等撰写；第七章为五洲·千城未来社区建设案例分析，由蒋廷令、董永贤、鲁嘉等撰写。

未来社区建设推行时间尚短，理论体系与建设实践都尚不完善。同时受限于作者的知识、资料与时间，本书还存在不足之处，有待进一步的完善。本书旨在抛砖引玉，引起学界、业界对未来社区建设的关注，促进未来社区建设相关研究。敬请各位学者、同行不吝指出书中错谬，作者将不胜感谢。

作　者

2021 年 6 月

目　录

第一章　绪　论 …… 1

第二章　未来社区建设理念 …… 6

第一节　社区概念 …… 6

第二节　社区建设理论基础 …… 8

第三节　社区建设典型模式 …… 14

第四节　未来社区建设内涵 …… 23

第三章　多元治理：新加坡社区建设理念与最佳实践 …… 27

第一节　社区建设背景 …… 27

第二节　社区建设理念 …… 34

第三节　社区建设最佳实践 …… 36

第四节　社区建设经验总结 …… 60

第四章　智能联动：日本社区建设理念与最佳实践 …… 62

第一节　社区建设背景 …… 62

第二节　社区建设理念 …… 66

第三节　社区建设最佳实践 …… 71

第四节　社区建设经验总结 …… 78

第五章　绿色和谐：中国香港社区建设理念与最佳实践 …… 81

第一节　社区发展背景 …… 81

第二节　社区建设理念 …… 83

第三节　社区建设最佳实践 …… 90

第四节　社区建设经验总结 …… 100

第六章　浙江省未来社区建设实践 …… 103
第一节　浙江省未来社区建设战略 …… 103
第二节　浙江省未来社区建设路径 …… 106
第三节　浙江省未来社区建设现状 …… 125
第四节　浙江省未来社区建设小结 …… 130

第七章　五洲·千城未来社区建设实践 …… 133
第一节　五洲·千城未来社区建设参与概况 …… 133
第二节　绍兴越城薛渎棒球未来社区建设实践 …… 138
第三节　绍兴福全金三角未来社区建设实践 …… 154
第四节　上虞鸿雁未来社区全过程工程咨询实践 …… 164
第五节　未来社区 B. L. O. C. K 街区创新设计竞赛 …… 181
第六节　五洲·千城未来社区建设经验 …… 198

第八章　结论与展望 …… 201
第一节　结　论 …… 201
第二节　展　望 …… 202

参考文献 …… 204

致　谢 …… 208

第一章　绪　论

人类是群居动物。早在人类社会学者提出社区这一概念之前，社区这种人类群居的现象便存在于社会之中。原始社会时期，人类生产资料不足，生产力低下，劳动工具落后，外加自然环境十分恶劣，人类唯有群居方可与猛兽斗争，生产足够的物质抵御来自大自然的各类危机。人类的祖先便是几十人在一起共同劳作，共同分享劳动成果，居住在天然的洞穴中，过着群居生活，并以血缘关系为纽带形成集体，被称作氏族。随着时间的流逝，人类的祖先在大陆上迁徙，寻找低洼谷地、水草丰茂之处，进而搭建住所，定居于此，再次以血缘关系为纽带形成氏族集团，组成了一个又一个群居的原始部落。古代游牧社会中，居民逐水草而居，放养畜牧，无固定住所，是一种具有生活共同体性质的社会群体，形成了一种非严格意义上的社区。

时间的流逝不以人类的意志为转移，却也给人类带来了巨大的变化。随着生产工具的发明与改进，农业逐渐兴起，农业社会逐渐形成，人类为了从事农业生产，需要长期定居于某个地区，逐渐出现了村庄这样的“社区”，并且随着社会经济、政治、文化与军事的发展，社区集合在一起，逐渐演变为城镇。在几千年前，无论是古中国，还是古巴比伦、古印度、古埃及等，都在那一时期形成了大小不一的城镇。特别是近现代以来，随着工业革命的发展，人类生产资料富足，生产工具得到极大改进，生产力得到了解放，城镇进入了都市化的过程中，发展一日千里，不但规模不断扩大，城市社区的经济基础与结构功能也都不同于以往，特征更加明显，出现了许多大都会社区。

“社区是有共同价值观念的同质人口组成的关系密切、守望相助、富于人情味的社会团体”，滕尼斯对社区概念的概括阐述了几千年来人类社区形成与演变的内在联系，即人与人之间价值观念、亲疏关系、人情关系等方面的演变。总览世界历史，不难发现社区是人类生存、发展和进化的基础，社区的发展事关全人类的发展。如何优化社区发展，协调社区关系，统筹社区事务，是当前社区研究的重中之重。特别是在科技日益发达的今天，如何利用科技手段辅助社区现代化发展，进而带动城市的现代化，同样是亟待解决的问题。

住有所居是人民美好生活的重要基石。近几十年来，我国社区建设取得了巨大进展，但是这种量的进展仍以满足基本居住为目的。随着社会经济与生活水平的不断提高，满足人民对更高品质的居住质量和居住环境的追求成为今后社区建设的重要目标。社区是城市功能的基本单元，是城市高质量发展水平的标志。社区建设已成为衡量城市发展质量的重要因素，更是群众获得感、幸福感的重要来源。习近平总书记指出，人民对美好生活的向往，就是我们的奋斗目标。在几十年不断的探索与学习中，我国各地都在寻找优化社区建设、增强居民的幸福感和获得感的道路。

城镇化是现代化的必由之路，是新时代推动经济高质量发展的强大引擎。十六大报告中提出“要逐步提高城镇化水平，坚持大中小城市和小城镇协调发展，走有中国特色的城镇化道路”。自十八大以来，我国城镇化发展迅速，城市化水平稳步提高。截至 2019 年，全国城镇常住人口 84 843 万人，占总人口比例（常住人口城镇化率）为 60. 60%，城镇化率首次突破 60%大关，比 2018 年末提高了 1. 02 个百分点。城镇常住人口 84 843 万人，比 2018 年增加了 1706 万人，乡村常住人口 55 162 万人，减少了 1239 万人[①]。但是从宏观层面来看，城市化质量不高，面临人口、环境、能源、基础设施、城镇平衡、信息化等问题与挑战。从城市转向社区层面，发展不平衡这一问题在社区建设方面体现得尤为明显。不仅不同地域社区发展存在明显差异，而且相近地区社区发展的状况差异也较为明显，这直接导致群众接受的社会公共服务也存在差异。一些核心街区的社区有较为充足的硬件设施条件，综合服务中心面积充裕，工作人员配备齐全，购买社会

① https：//www. chinairn. com/hyzx/20200617/103735792. shtml.

组织服务的项目有保障；一些非中心化的社区，社区基础设施落后，同一个街道的两个社区共用一处办公地点，这就意味着一个社区的办公地点必然距离辖区较远，本来是便民的服务就不再便民，而社区的综合服务中心更是没有着落。但就重要性而言，社区基础设施落后，最主要还是体现在优质教育资源、医疗资源以及公共交通配套三大方面的供给不足上①。

在有好的基础配套设施的基础上，更需要一套完善的治理体系使社区这一系统高效运转。促进社区协同共建是充分落实十九大报告中所提出的“共建、共治、共享”治理理念的落脚点。目前大部分促进协同共建的牵头主体还是基层社区党组织，而街道社区与区域内组织对接时，易遇到一些冷对待。如与区域内非公经济组织沟通时，非公组织往往表现出党组织缺失或涣散，党建积极性不高的特点；而与区域内机关事业单位党组织进行对接时，由于行政级别的影响，街道社区往往感觉受到限制。在对接过程中，街道社区无法获得充分的认同，得不到对方的有效回应。公民参与是社区治理应当重视和吸纳的关键性要素。在社区与居民的关系上，我国社区治理中存在着公民总体参与率较低、参与不平衡、非政治性参与为主要内容、参与形式单一、渠道不畅等问题。要优化社区治理、促进社区和谐、社区建设与治理，还应在多方面加以改善。

未来社区是以满足人民美好生活向往为根本目的的人民社区，是围绕社区全生活链服务需求，以人本化、生态化、数字化为价值导向，以未来邻里、教育、健康、创业、建筑、交通、能源、物业和治理九大场景创新为引领的新型城市功能单元。早在 2018 年 12 月，浙江省发展改革委就未来社区建设展开问卷调查，共收回 3 万余份有效问卷。结果显示，老旧小区改造、改善交通出行等民生问题尤为突出，老旧小区集约利用不足、公共设施服务水平相对滞后等问题比较集中。

一方面，建设未来社区，就是通过绿色、开放、共享等先进理念的植入，以及新一代信息技术的集成应用，更好地发挥社区这一基础工作单元的服务作用，让社区真正能够帮助老百姓解决切身的生活问题，提高社区居民的生活质量和对政府工作的满意度；另一方面，未来社区的提出更是

① https：//www. xzbu. com/4/view-14926510. htm.

为了助推产业升级，促进经济发展。2018 年 10 月，浙江省政府发布的《关于贯彻全省大湾区大花园大通道大都市区建设行动计划的实施意见（征求意见稿）》中提出，要共建现代化智慧都市区，推进“城市大脑”的开发和应用，提升都市区智慧化水平和整体运行效率，不断提升城市精细管理水平，率先在未来社区、安全城市、文明城市等现代化城市建设中形成示范试点[①]。这一切都离不开社区的建设。2019 年 1 月 7 日，时任浙江省省长在浙江省第十三届人民代表大会第二次会议上首次提出要建设未来社区，并将其归入“全面开展‘四大’建设年活动”之中。大湾区是浙江省新的增长极，必须摆在突出战略地位。未来社区建设，有利于加快打造“数字湾区”，驱动大投资、带动大产业、促进大转型，推进大湾区建设，提高杭州湾经济区能级；是浙江省推动高质量发展，打造成为“绿色智慧和谐美丽的世界级现代化大湾区”，实现建设“全国现代化建设先行区、全球数字经济创新高地、区域高质量发展新引擎”目标的一项基础性工程。在建设大湾区的关键阶段，未来社区也被看作继特色小镇之后，浙江省“十三五”期间最具比较优势，最能带动全局的重大创新举措之一[②]。

未来社区建设涵盖居民生活的方方面面，对政府来说，是一次对经济建设、社区建设与管理的有益探索；对社会来说，是一次参与社区建设、社区管理与运维的大胆创新；对社区居民来说，是一次全新生活模式、生活环境的绝佳体验。

其不仅是一项惠及群众的标志性民生工程，还是一项产业创新工程，为优化长三角重大生产力布局，迈向世界级发展高地贡献浙江力量。因此未来社区实践建设需要相关理论给予指导，同时也需要对目前的实践建设工作进行总结。本书主要分为两大部分：一是从社区建设理念发展角度，系统梳理社区建设的理论基础与社区建设理念，包括目前世界上主流的社区建设模式与社区建设内涵。研究发现，社区建设理念与世界经济技术水平、社会发展、人类需求与思想意识等人类社会大环境息息相关。二是从未来社区建设实践角度，提炼全球典型社区建设国家与地区的经验，以及

① https：//www. tianyancha. com/bid/cf6e040e9d0811e985737cd30aeb144c.

② https：//baijiahao. baidu. com/s？ id=1672974846565589149.

分析总结浙江省未来社区建设实践经验，包括新加坡、日本和中国香港过去几十年的社区建设历史、建设理念、建设路径、体系架构与具体的建设案例等。研究发现其建设经验多与规划制度、法律保障、政府与居民关系、以人为本、智能创新等方面相关。而对浙江省未来社区建设的总结，归纳出逐步推进未来社区建设试点工作取得的一定成果和特色推广经验，为更广大地区的政府和社会参与社区建设提供了可行的道路。需要指出的是，浙江省未来社区建设还处在起步阶段，研究和实践仍在逐步探索中，这不仅需要浙江省政府的大力推进，也需要社会各界广泛参与、共同助力，一起探索与建设更加光明与美好的明天！

第二章 未来社区建设理念

第一节 社区概念

“社区”一词在英文中称为“Community”，其最早源于拉丁语，在《韦氏新国际英语大词典》中有多种释义，其含义是共同的东西和亲密的合作关系。1887年，德国社会学家裴迪南·滕尼斯首次将“Community”一词作为专有名词提出，并阐述为：通过血缘、朋友关系建立起的，具有相同价值观念的人所组成的关系密切、守望相助、富有人情味的社会组织团体。不同学科学者基于其研究的目的，从不同角度对社区进行定义，截至目前针对社区的定义有近百种。从社会学角度看，社区指生活在一定地域内的社会共同体；从建筑和规划学科的角度看，可将社区的定义归纳为“一定规模的人口遵从社会的法律规范、通过设计的组织方式定居所形成的日常生活意义上心理归属的范围”。这些定义的出发点与侧重点虽有不同，但是多数定义均认同社区的三个基本要素：①地域性，即社区具有一定的地理区域范围；②共同性，即社区内的居民具有共同的利益、共同的情感以及共同的意识或价值观；③互动性，即社区内的居民相互比较熟悉，经常交往发生互动。

希腊学者道萨迪斯[1]将城市规划的社区概念和社会学中的社区概念统一起来进行研究。他把社区分为六级，分别为第一级社区（包括邻里等）、第二级社区、第三级社区（也称为次社区或准社区）、第四级社区（规划上称之为社区）、第五级社区（超级市场）、第六级社区（都市），如图2-1所示。根据道萨迪斯思想，邻里是社区的一种类型，一定意义上来说邻里是社区的一个最小单位，是维持并产生社区结构内聚力的基础。邻里形成的基础是邻里关系，这种关系是一种不同于亲缘或血缘关系，以社会道德为基础，包括文化、价值观念的社会关系。邻里关系中，人们相互交往、守望相助，形成有如家庭般的社会组织结构，其中起主要联系、交流作用的是邻里生活。

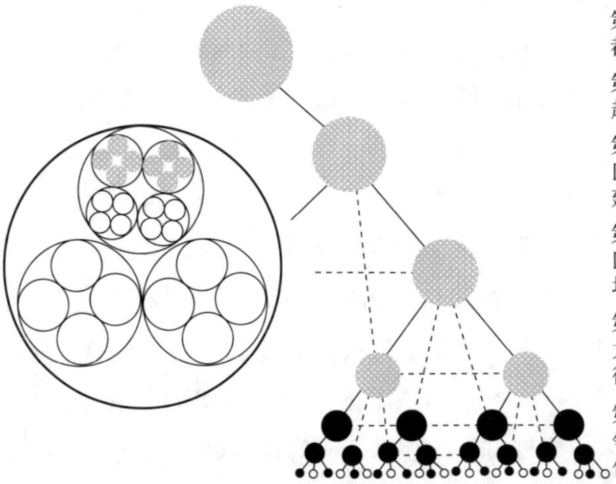

图 2-1　道萨迪斯的社区六个层次

基于此，1929 年，美国学者佩里创建了“邻里单元”（Neighbourhood Unit）理论。他认为邻里单元是组成居住区的“核心细胞”。“邻里单元”理论是一种新的居住区规划理论，它是为适应现代城市因机动交通发展而带来的规划结构变化，改变过去住宅区结构从属于道路划分为方格状而提出的，其目的是创造一个适合于居民生活的、舒适安全的和设施完善的居住社区环境。在这种定义下，邻里单位就是“一个组织家庭生活的社区的计划”，这个计划不仅要包括住房，还包括它们的环境以及相应的公共设施。

20 世纪 30 年代，我国社会学家费孝通先生将“Community”一词译为“社区”并引入中国，给出定义为“以地区为范围，人们在地缘基础上结成的互助合作的群体，用以区别在血缘基础上形成的互助合作的亲属群体”。由此，“社区”概念正式进入中国社会学研究领域，并逐步被大众所认知。

2000 年，中共中央办公厅、国务院办公厅转发了《民政部关于在全国推进城市社区建设的意见》，其中明确指出“社区是指聚居在一定地域范围内的人们所组成的社会生活共同体”，而且还特别指出我国“目前城市社区的范围，一般是指经过社区体制改革后作了规模调整的居民委员会辖区”。《民政部关于在全国推进城市社区建设的意见》为我国社区确立了明确的定义，同时也给出了“社区”的两层含义：一是地域空间，社区是居住过程中产生的具有特定性质的地域空间；二是心理认知空间，社区是生活于其间的居民的心理认知空间。本书所指“未来社区”是基于此社区定义而提出的一种新的社区治理模式。

随着互联网技术的发展以及网络社交的普及，2011 年开始，“邻里社区”作为网络社交概念被提出来。网络社交概念中的邻里社区主要是基于真实邻里建立的社交关系，帮助用户拓展邻里关系，拉近邻居间的距离，以获取或提供相互间的帮助，比如交流技能、分享交通工具等。随着网络平台的不断发展，网络社区不再局限于围绕真实邻里的“邻里社区”，而是进一步发展成为人们根据自己的需求、爱好以及其他共同特征而结成的“虚拟联盟”。

第二节　社区建设理论基础

社区概念发展及其建设发展与世界经济技术水平、社会发展、人类需求与思想意识等人类社会大环境息息相关。不同时代的社会矛盾与时代需求，产生了适应时代发展的基本理论，而这些理论进一步指导着社区建设。

一、可持续发展理论

可持续发展理论（Sustainable Development Theory）是指既满足当代人的需要，又不对后代人满足其需要的能力构成危害的发展，以公平性、持续性、共同性为三大基本原则，最终达到共同、协调、公平、高效、多维的发展的理论。

可持续发展理论的形成经历了相当长的历史过程。1784 年，蒸汽机的发明拉开了英国产业革命的序幕，并在全球范围内引领“高生产、高消耗、高污染”的发展模式。这种发展模式带来了人口暴涨、粮食短缺、能源危机、环境污染等环境与资源问题，造成了全球的环境问题，危及了人类健康安全。20 世纪五六十年代，人们在经济增长、城市化、人口、资源等所形成的环境压力下，对“增长 = 发展”的模式产生怀疑。随后，环境保护思想逐渐登上国际政治舞台，引导人类对环境与生存问题的关注，以及对人类发展道路的反思和探索。

1981 年，美国世界观察研究所所长布朗出版《建立一个可持续发展的社会》，提出必须迅速建立一个“可持续发展的社会”，引起全世界轰动；1983 年 12 月，联合国成立“世界环境与发展委员会”，对世界面临的环境问题及应采取的战略进行研究；1987 年，世界环境与发展委员会发表《我们共同的未来》报告，首次正式确立了可持续发展的定义、任务、行动原则。在该报告中，可持续发展被定义为：既满足当代人的需求，又不损害后代人满足自身需求的能力。在这种定义下，可持续发展是一个系统，既要达到发展经济的目的，又要保护好人类赖以生存的大气、淡水、海洋、土地和森林等自然资源和环境，使子孙后代能够永续发展和安居乐业。在 1992 年联合国环境与发展大会上，可持续发展要领得到与会者的共识与承认。

此后，联合国积极推进可持续发展全球化战略。2015 年 9 月，联合国可持续发展峰会在纽约总部召开，联合国 193 个成员国在峰会上通过 17 个可持续发展目标，并正式把建设包容、安全、有风险抵御能力的可持续城市和社区作为新的 15 年发展目标。截至目前，可持续发展已成为全人类持有的共同理念，是人类谋求更好的生存与发展的唯一途径。实施可持续发展战略是每一个国家、社会、公民的必然选择。

二、人居环境科学理论

人居环境（Human Settlements）是指与人类活动密切相关的人类生存环境，包括提供人类活动的空间场所、物质、能量及人类活动过程中形成的一切社会经济关系，分为人居硬环境和人居软环境。人居硬环境是指一切服务于城市居民并为居民所利用，以居民行为活动为载体的各种物质设施的总和，是自然要素、人文要素和空间要素的统一体，具体包括三个部分：①居住条件；②基础设施和公共服务设施水平；③生态环境质量。人居软环境即人居社会环境，指的是居民在利用和发挥硬环境系统功能中形成的一切非物质形态事物的总和。人居硬环境是人居软环境的载体，人居软环境的可居性是人居硬环境的价值取向。人居环境的形成是社会生产力的发展引起人类生存方式不断变化的结果，经历了从自然环境向人工环境、从次一级人工环境向高一级人工环境的发展演化过程，并仍将持续进行下去。就人居环境体系的层次结构而言，这个过程表现为：散居、村、镇、城市、城市带和城市群等。

19 世纪工业革命时期，由于西方发达国家工业化进程迅猛加快，人口高度密集、城市住房拥挤、城市环境污染、城市交通拥堵、城市犯罪频发等“城市病”突出，诸多学者开始探索改善城市居住环境的路径，以满足人类居住和生活需求，“让人们诗意地居在大地上”，实现美好人居。20 世纪 50 年代，建筑师道萨迪亚斯将焦点聚焦于人，初步建立了人类聚居学[1]，旨在指导人们正确进行人类聚居的建设活动。他提出三大人类基本聚居定理：①人类聚居发展定理，即人类聚居的最终目的是满足人类幸福和安全的需求，强调时间是聚居发展的必要因素；②人类聚居内部平衡定理，即聚居的各项元素之间处于动态平衡，人的尺度平衡最为重要；③人类聚居物理特性定理，即聚居的区位、规模、功能、结构和形态是构成人类聚居的基本物理特性，也是人类聚居的基础。

20 世纪 90 年代，吴良镛院士首次提出“人居环境科学”理论的设想，认为人居环境科学是以包括乡村、集镇、城市等在内的所有人类聚居环境为研究对象的综合性学科群，提出要以“建筑、园林、城市规划的融合”为核心来构建人居环境科学的学术框架，并指出人居环境包括自然、人、社会、居住、支撑网络五大系统，它们与全球、区域、城市、社区和建筑五大层次交互影响。他认为新形势下人居环境科学理论应关注：①以人为本和关注民生；②对空间战略规划的重新审视与重视；③发扬生态文明，推进人居环境的绿色革命；④统筹城乡发展，完善我国城镇化进程；⑤吸收中西文化，创造符合国情的“第三体系”；⑥重视人居环境教育；⑦美好环境与和谐社会共同缔造[2]。同时，他也提出了发展人居环境的五项科学观：生态观、经济观、科技观、社会观、文化观。

人居环境科学是一门以包括乡村、集镇、城市等在内的所有人类聚居形式为研究对象的科学；它着重研究人与环境之间的相互关系，强调把人类聚居作为一个整体，从政治、社会、文化、技术等各个方面，全面地、系统地、综合地加以研究；其目的是要了解、掌握人类聚居发生、发展的客观规律，从而更好地建设符合人类理想的聚居环境。社区建设研究涉及社会、经济、土木、建筑、城市规划、环境等多门学科，从人居环境科学的角度，用综合、全面、系统的方法研究社区建设，具有重要的指导意义。

三、城市生态学理论

良好的生态环境是人类生存繁衍和社会经济发展的基础，是社会文明进步的标志，是实施可持续发展战略的基础。早在16世纪，英国莫尔首先提出了“乌托邦”的理想城市模式，强调社会与自然的和谐。工业革命后，快速的城镇化进程打破了原有人居环境的平衡，城市被无限扩大，各种城市病使得人们不得不思考对策来改变城市布局，以应对由此带来的生态破坏，学者霍华德、勒·柯布西耶、赖特等从生态角度对城市生态环境问题展开了探索。

20世纪20年代，美国芝加哥学派的罗伯特·帕克等社会学者首次借用生物学中竞争、共生、进化和支配这些本来用于揭示自然界动植物之间的相互关系的生态学概念，以芝加哥市的各种社区为单个研究对象，研究芝加哥的城市化过程，在研究中创立了人类生态学的理论，开拓了研究城市社区的全新途径。20世纪70年代以后，随着城市问题和环境污染的加剧恶化，人们越来越意识到城市是一个以人类为主体的生态系统，城市生态学（Urban Ecology）由此应运而生。

城市生态学属于城市科学的一个分支，是以城市空间范围内生命系统和环境系统之间的联系为研究对象，揭示人与环境之间，以及人与其他生命体之间相互作用规律的科学。城市生态学是以系统的观点，将生物学、社会学、人类学、经济学、行为学等学科的成果有效连接起来的综合学科，其本质特征是对人及其行为的研究。城市生态学一整套关于城市生态系统的基本概念和基本原理，对社区发展和设计实践有重要的指导意义。

四、职住平衡理论

就业与居住是构成城市土地利用的两大基本要素，二者的空间关系又在很大程度上决定了城市交通的特征与效率。随着城市经济与人口急剧增加，城市不断地向外扩张，最终造成了城市居民居住地与就业地的空间分离，给城市交通带来拥堵。居住与就业的空间分离，也称职住分离，指城市社会阶层就业地与居住地之间存在较长距离基础上的非对偶关系，其中包含两部分的内容：一个是就业地与居住地之间的通勤距离，另一个是从居住地到就业地所花费的通勤时间。职住分离已成为中国城市化过程中的普遍现象。如何平衡“职”与“住”的空间距离，已是城市必答的一道新考题。

“就业—居住平衡”（Jobs-Housing Balance，简称职住平衡）是就业与居住空间关系的一种理想模型，指居住与就业相互临近、平衡发展，其基本内涵是指在某一给定的地域范围内就业人口数量与就业岗位的数量大体相当，大部分居民可以就近工作，从而减少通勤出行的距离、时耗与机动车的使用率，达到减少交通拥堵的目的。

职住平衡通常采用职住分离度量度。职住分离度指在现有居住和就业空间分布的基础上，按通勤距离最短原则重新匹配每个居民的职住对应关系，获得理论最小平均通勤距离，即平均出行多远距离就能找到一份工作，其值越小说明城市职住功能的空间配置越均衡。受到房价、就业机会、家庭、教育等各种因素影响，居民往往难以选择最小通勤的居住和就业，职住分离度反映了现实中城市职住供给失衡的状况。《2020 全国主要城市通勤监测报告》① 显示我国城市职住不平衡问题突出。习近平总书记在《国家中长期经济社会发展战略若干重大问题》中指出“要建设一批产城融合、职住平衡、生态宜居、交通便利的郊区新城，推动多中心、郊区化发展，有序推动数字城市建设，提高智能管理能力，逐步解决中心城区人口和功能过密问题”。

五、数字治理理论

治理是公共管理的基本概念。全球治理委员会将治理定义为“或公或私的个人和机构经营管理相同事务的诸多方式的总和”。它是调和社会主体之间利益冲突的一种持续的行为过程，既包括正式的规章制度与约束机构，也包括非正式行为规范和安排等[3]。治理理论产生于20世纪80年代末期，它的提出主要是为了解决20世纪70年代西方国家新公共管理运动带来的负面影响。

数字治理理论是治理理论与互联网信息技术的结合而产生出的一种运用信息技术重塑公共部门管理流程的新型理论。这里的“数字治理”不是互联网信息技术在公共治理领域的简单应用，而是一种与政治权力、政府治理理念、治理方式、社会组织、公民个体等多方面相联结的系统互动方式。因而，数字治理理论具有两大特点：一是以信息技术以及信息处理为核心，二是十分关注公民参与。

经过20余年的发展，基于互联网的数字治理理论得到美国、英国、加拿大等发达国家的竞相应用，不少国家已从理论研究转向了实际应用领域，智慧城市就是其中重要应用领域与场景。应用数字治理理论指导智慧城市实践是治理理论向城市治理领域迈出的重要一步，数字治理理论从理论指导、民主活动、决策过程和公民参与等方面帮助城市管理者作出更好的决策，从而进一步提升城市的竞争力[4]，并有助于促进社区的整合能力以及创新公民参与的形式。随着大数据技术、云计算处理的进一步发展，数字治理理论借助先进的信息科技，在智慧城市的建设中发挥着越来越重

① 百度地图慧眼与住房和城乡建设部城市交通基础设施监测与治理实验室，中国城市规划设计研究院合作发布。

要的作用。

“数字治理”的应用，旨在通过倡导开放的治理数据、公开的治理过程、简化的行政管理程序，让万众参与治理，公民得以自治等。数字治理通过鼓励多元参与的开放模式，一方面能约束和监督政府的治理行为，用数字结果倒逼政府对不良治理体系的改革；另一方面可有效扩宽市场与社会参与治理的途径和方式，为多元主体力量的均衡提供了实践的平台。

第三节　社区建设典型模式

社区是构成城市的基本单元，也是民众生活的空间场域。社区是基层基础，只有基础坚固，国家大厦才能稳固。因此，如何建设社区一直是学界、业界与政府部门关注的重点。社区建设方向与理念并不是凭空产生的，而是基于特定社会现状、技术条件以及人类需求形成的。因而，不同的历史条件背景下，形成了侧重点与关注点不同的社区建设模式。如可持续社区建设的提出是为了实现经济、社会与环境的和谐发展；韧性社区建设是为应对全球日益频发的各类灾害，旨在提升社区防灾减灾能力；智慧社区建设则是因为互联网技术的兴起以及治理理论在城市建设领域的推广而不断发展起来的。本节重点讲述社区建设中几种典型的模式。

一、可持续社区建设模式

（一）可持续社区定义

可持续社区（Sustainable Community）就是在“社区”概念的基础上，将社区的经济属性、生态属性和社会属性融合在一起，实现有机平衡和持续发展的社区。这一概念将社区作为一个整体的复合结构加以考虑，而要实现经济、生态和社会的协调持续发展，需要一个长期的过程。同时，可持续社区不是孤立的，它与所在地区、国家和世界是相互影响的。可持续发展的核心是发展，但要求在严格控制人口、提高人口素质和保护环境、资源永续利用的前提下进行经济和社会的发展。发展是可持续发展的前提，人是可持续发展的中心体。可持续长久的发展才是真正的发展，因此，可持续社区建设的核心是“以人为本”。

（二）可持续社区建设特征

依照联合国环境署“可持续城市与社区项目”中可持续社区的评级指标及其定义①，可持续社区应具有以下特征。

1. 使用可持续建筑

充分考虑建筑的全生命周期并进行可持续或绿色建筑的设计，包括通过使用被动式太阳能、通风、绿色围护与节水设计，降低内含能耗与材料运输，使用无污染、无毒的建筑材料，限制建筑及操作性废物的产生，降低运行能耗与水需求等，旨在达到零碳能源供给与现有建筑存量的合理再利用。

2. 创建包容的社区设施与服务

社区设施与服务是支持社区发展，并且为社区当代及未来居民提供安全、多样化居住环境的必要因素。要达到该目标，需要社区居民广泛参与，提出对未来设施与服务的清晰目标，通过制定设施与服务标准，构建关爱老人、幼儿及妇女，促进社会平等、健康的弹性社区。

3. 营造宜居的社区景观

都市景观建设可带来生态系统利益，提升社会连接性，创造更多休闲机会。便捷、安全、活跃的娱乐、步行体验与社会互动能够增强社会凝聚力，降低非传染病（生活方式）的社会与经济成本。

4. 提升社区经济生产力

创造地方就业机遇以及连接周边就业点的良好交通网络是可持续社区的助力。通过降低通勤时间与加强社区互动，地方经济活动能够推动社区发展，增强家庭凝聚力；包容性地方经济政策能够推动青年就业及男女平等。

5. 保障社区安全

安全有保障的周边环境是建设可持续社区的必要因素。通过减少社区

---

① 可持续城市与社区项目，http：//news. china. com. cn/suc/.

犯罪与暴力事件，提供应急管理与服务，并解决食品安全问题，可以创建一个安全、舒适、怡人的社区环境。

6. 提供优质社区教育服务

教育是构建宜居、健康可持续社区的基础，包括各类教育项目、培训项目等，如为早教提供服务与基础设施，为适龄儿童提供教育，为残疾人、老人提供护工培训。

二、生态社区建设模式

（一）生态社区定义

生态社区（Ecological Community），指在社区概念的基础上，以生态学、城市生态学、景观生态学等基本原理为指导，以人与自然的和谐为核心，以整体的环境观来组合相关的建设和管理要素，以现代生态技术为手段，设计、组织城市社区内外的空间环境，最高效、最少量地使用资源和能源，营造一种自然、和谐、健康、舒适的人类聚居环境的社区。生态社区的“生态”不是简单的生态学含义，而是广义的概念，包含“环境生态化、社会生态化、经济生态化”。生态社区可直接定义为“具有适当的地域范围与人口规模，具备共同的生态文化意识，是环境宜人，社会和谐和经济高效的可持续发展的居住区”。

正如“社区”的概念具有泛议性一样，“生态社区”的含义也有可诠释性。一是强调环境对人的养成作用和直接功能，由以自然生态为依托的体能养成，到适应信息社会的智能培育，把社区作为整体的复合结构加以考虑和营造；二是重视对人类居住地各种非自然物质构成环境的生态作用，即重视住宅以及多层次生活活动区域的设施环境的作用。因此，建设生态社区的目标就是强化社区作为人类生存与发展的基地作用，加强社区的自组织自我调控能力，合理高效地利用物质能源与信息，提高生活质量的环境水准，充分适应社会再发展需要，最终从自然生态和社会心理两方面去创造能充分融合技术和自然的人类居住地[6]。因此，生态社区具有低的环境冲击性、高的自然亲和性、居住环境的舒适与健康性、经济的高效性以及社会和谐性等特征。

（二）生态社区建设特征

生态社区倡导“人与自然和谐共生”的思想，寻求整合环境、社会和经济三方面的社区可持续发展之路。建设城市生态社区对保护城市生态环境、提高人民居住环境质量、实现城市住区的可持续发展目标具有重要的意义。相较于传统社区，生态社区具有以下特征。

1. 全面考虑“自然—经济—社会”复合系统

与传统社区建设以经济单一导向不同，生态社区规划和建设不能简单地以经济为导向，而应更多地考虑生态学的价值取向，全面设计其组成区域的结构和功能，以及系统与外界支持系统的联系。全面应用生态学、建筑学、规划学、经济学等多学科理论，从自然、经济、社会三方面对生态社区进行探索，涵盖社区的自然环境、人工环境以及服务设施的各个方面，并注重其生态经济性。如扬州海德生态住宅区[7]通过耦合自然基础设施（土地、气候、水、自然、生物）、生态代谢设施（水、电、气、热、废弃物）、人工设施（建筑物、构筑物、设施、道路），使社区成为结构合理、功能完善的人居生态系统。

2. 强调并体现人与自然和谐

为充分体现出人、建筑与环境的和谐统一，生态社区在提供全面的学校教育、齐全的文化设施、健全的医疗保障等人类住区功能的基础上，把人车分流、绿色建筑、生态步道等生态思想融入建设中，保证人与自然和谐共处。如成都市锦江区的“蓝谷地”[8]，社区内拥有20%的超低建筑密度，40%以上的超高绿化率，有效地将自然系统、人类系统、居住系统等融为一体，让人真正体会到人与自然的和谐。

3. 环境保护是生态社区建设重要部分

欧美各国以及其他经济发达地区在可持续发展社区的建设方面的实践卓有成效，人们对于社区可持续发展的认识也逐渐深入，认为不仅要注意社区内部的可持续发展，而且要注意社区周边环境的可持续发展。如中国香港地区，建立的社区评价指标体系就从影响全局的环境问题、影响当地的环境问题、影响内部的环境问题三个方面进行评估；西雅图可持续社区评价指标从环境、人口与资源、经济、青年与教育、健康与社区五个方面进行评价，其中环境位于首位。

4. 鼓励公众参与生态社区建设

较一般社区而言，生态社区实践更加重视开放的参与机制。国外生态社区大部分是由社会志愿组织一起自发建设的。特别是乡村型生态社区①，其一般是由那些有志于环境保护、建设可持续社区的志愿者共同出资建造，大家一起规划、建设与管理。所建立的社区参与机制，如建立社区的协调组织，举办环保、生态方面的培训，开展社区的互助活动，提倡绿色消费生活方式、举行社区事务会议等，有助于培养共有价值观，增强个人和集体的归属感，使成员积极、自愿地参与到生态社区实践中，从而为社区可持续发展提供强大的动力。

三、宜居社区建设模式

（一）宜居社区定义

20 世纪 60 年代，简·雅各布斯开创适宜居住性运动并创建社区适宜居住性理论（Community Livability）。这种社区适宜居住性强调居民对社区环境和社会质量的感受，主要从以下四个方面来衡量：一是安全和健康，包括人身安全、交通安全、社会安全等；二是环境条件，包括整洁、安静的居住环境，清新的空气，干净的水等；三是社会交往质量，包括和睦、公平、积极、相互尊重的邻里关系，社区的归属感和自豪感，居民的参与性等；四是对历史文化特色的享受，例如历史文化建筑等[9]。1996 年，联合国大会通过的“人居议程”中明确提出了“宜居”的概念，并对“宜居性”作出了诠释，即空间、社会和环境的特点与质量。

宜居社区（Livable Community）是在“社区”概念的基础上，结合“宜居性”理念，提出的适宜居住的人类社区概念。鉴于当时提出的社会背景，宜居社区讲究以人为本，以人的全面发展为目标，其核心内容是公平问题。学者们对宜居社区的内涵有不同的理解。有学者认为宜居社区应

① 生态社区可分为城市型生态社区、郊区型生态社区与乡村型生态社区。

具有宏观、中观与微观三个层面的内涵。在宏观层面上，应该具备良好的城市环境，包括自然生态环境、经济环境、人文环境等；在中观层面上，应该具备优美环境、规划设计合理、生活设施齐备、邻里关系友善的社区环境；在微观层面上，社区单体建筑内部应具有良好的生活环境[10]。

整体而言，宜居社区强调社区的紧凑性、多功能性、适宜步行性、丰富多样性，提倡对资源、环境进行整合，形成完善的城市、城镇、乡村和社区邻里单元，是对佩里“邻里单位”理论①的继承与发扬。在实践中，宜居社区主要体现为两种社区居住区发展模式——TND 模式和 TOD 模式。

1. TND 模式

TND 模式（Traditional Neighborhood Development，TND），即“传统邻里发展模式”，提倡回归传统邻里住区的尺度。其核心内容是：将学校、幼儿园、卫生院、商业、市政等配套设施，按照“5 分钟”步行距离和不同的服务半径设置于各街区中，并通过网络状的道路系统组成开放性、有层次的居住社区。TND 模式从人性的角度出发，强调小尺度规模在建筑与街区中的应用，形成亲近行人的空间，从而促进邻里交往。

2. TOD 模式

TOD 模式（Transit Oriented Development，TOD），即“公交导向发展模式”，是以公共交通规划为导向，充分利用土地和交通的关系，提高土地利用价值，合理布置交通网络，达到缓解土地资源紧缺、能源过度耗费、环境污染、交通拥堵等问题的目的。东京涩谷站城人一体化的 TOD 综合体就是采用的这种模式。

（二）宜居社区建设特征

宜居社区建设的核心是以人为本，坚持和谐友好、可持续发展的原则，加强城市“人文生态”的建设，通过优化自然与自然、人与自然、人与人之间的相互关系来推动社区的和谐发展。其具有以下五个方面的特征：①强调生态环境保护，创建良好的居住环境；②促进经济发展，保证

① 1929 年，美国人科拉伦斯．佩里（Clarence Perry）创建了“邻里单元”（Neighborhood Unit）理论。

积极稳定的社会环境；③关注设施建设和管理，提供便捷完善的生活配套服务；④注重人文关怀，构建和谐的邻里关系；⑤保护社区文化，创建有地方感的居住社区；可从八个尺度进行衡量，即健康服务、人性化、便利的交通、可步行的、住房安全和保障、购物、娱乐休闲、文化活动。就其本质来讲，宜居社区是以适应现代化发展的需求和满足居民生活舒适为中心的社区新范式。

同时，宜居社区建设需具备三个核心要素：①保护城市周边土地，减少城市蔓延；②鼓励采用“紧凑模式”发展现有城区，最大限度地利用已开发的土地资源和基础设施；③扩展多种交通方式，以公共交通和步行交通为主，减少对小汽车的依赖。

四、韧性社区建设模式

（一）韧性社区定义

韧性社区（Resilience Community）是指在城市生态学、治理理论等学科理论指导下，以社区共同行动为基础，能链接内外资源、有效抵御灾害与风险，并从有害影响中恢复，保持可持续发展的能动社区。韧性社区的概念是在全球灾害频发的时代背景下提出的，其目的与关注重点是社区防灾减灾抗灾的能力[11]。“韧性”是英文“resilience”的常用中文译法，有时也被译为弹性、抗逆力、恢复力、复原力等。其概念源于19世纪50年代的机械与物理学领域，用来表示物体在外力作用下变形后可以恢复至原来状态的一种性质；20世纪70年代，加拿大理论生态学家霍林将韧性的概念引入生态系统，并将其定义为“系统所拥有的应对外来冲击，并在危机出现时仍能维持其主要结构和功能运转的能力”；1990年代，人类在大规模改造自然的同时，为寻求社会利益最大化、环境影响最小化，将韧性概念引入社会生态学；21世纪初，相关研究在上述基础上逐步延伸至社会系统、社会—经济系统、经济系统等各个领域；2002年，倡导地区可持续发展的国际理事会在联合国可持续发展全球峰会上将“韧性”概念引入城市建设与防灾减灾领域。联合国国际减灾署（United Nations International Program for Disaster Reduction，UNISDR）认为，“韧性是一个系统、社区或社会暴露于危险中时，能够通过及时有效的方式抵抗、吸收、适应并且从其影响中恢复的能力，包括保护和恢复其必要基础设施和功能”。2016 年联合国召开第三次人类居住会议，构建有韧性人类居住区成为可持续发展的重要目标之一。

（二）韧性社区建设特征

韧性社区建设的目的是应对日益频发的各类灾害，提升社区防灾减灾抗灾的能力。因此，韧性社区建设具有其独有的特征。

1. 法律法规是保障要素

不同于其他社区建设模式，韧性社区建设是为了应对灾害，因此法律法规是韧性社区建设的基础保障，包括灾害风险管理、灾害响应机制、应急预案等灾害应对方面，以及社区灾害教育等相关方面。如日本将灾害知识宣传与教育纳入国民教育体系，进而将灾害教育更好地传播到社区。

2. 物质基础是基础要素

社区资源的丰富性与多样性直接影响社区对危机的应对能力，是构建韧性社区的基础要素。在社区建设时，不仅要考虑社区的基本功能，更要考虑到储备必要的应急资源，具备防疫、防洪、通讯供应、能源供应等维持社区基本运营的能力。

3. 居民参与是关键要素

社区居民要有社区安全与应急的知识、技能、学习能力、价值观与信念、心理，社区要有具备领导力和影响力的组织者；居民在危机时期能够发挥社会网格的积极作用，为社区应急管理链接必要的资源与支持；社区组织要发挥主体作用，社区居民积极参与、彼此联结、共同工作、风险共担，将社区整合成一个良好的循环体系，使社区能够快速灵活地应对危机，并且能够从危机中恢复、增强韧性。

五、智慧社区建设理念

（一）智慧社区定义

随着智慧地球与智慧城市理念的相继提出，智慧社区（Smart Community）理念也在20世纪90年代末被提出。关于智慧社区的定义，学术界尚未统一，因而通常从技术和功能层面来界定[12]。技术层面，智慧社区指充分借助物联网和传感器技术，通过物联化和互联化将人、物、网络互联互通，形成现代化、网络化和信息化的全新社区形态，涉及智能楼宇、智能家居、智能交通、智能医院、智慧民生、智慧政务、智慧商务和数字生活等诸多领域。在这种定义下，智慧社区运行模式实质是“云”的概念，智慧社区是一个云平台，每个居民都是一个终端，通过连接智慧社区平台就可以获得优质的服务，满足其各类需求。功能层面，智慧社区是以提高服务水平、增强管理能力为目标，针对居民群众的实际需求及其发展趋势和社区管理的工作内容及其发展方向，充分利用信息技术实现信息获取、传输、处理和应用的智能化，从而建立现代化的社区服务和精细化的社区管理系统，形成资源整合、效益明显、环境适宜的新型社区形态。

（二）智慧社区建设特征

我国积极开展智慧社区建设并取得成效，如北京西城区智慧社区、上海陆家嘴街道智慧社区、广州天河区智慧社区、宁波市海曙区智慧社区。与传统社区相比，智慧社区呈现以下几个鲜明的特点。

1. 以人为本

智慧社区建设的核心就是要“以人为本”，即以居民的需求为根本出发点，围绕社会治理与公众服务的需求，提供个性化、多样化、智能化、便捷化的高品质的社区公共服务。

2. 科学管理

智慧社区是智能化信息技术与社区服务、管理流程的有机融合。通过科技手段对原有的管理和办事流程进行重塑，大幅度提高管理的效率，增加服务与管理的内容，使得社区居民能获得更为快速、精细、个性、智能的服务。

3. 智能感知

智慧社区充分应用物联网技术、新一代移动通信技术，把人和物的信息进行高度互联，建立智慧社区的信息源，从而实现智慧社区中的关键对象均可被感知和分析。

4. 定向服务

一个社区每天产生海量信息，例如人口、安全、商务等信息，通过智能技术手段，可以从海量信息中分析居民分布状态、心理特点和行为模式，为居民主动提供个性化的服务。

整体而言，智慧社区建设是一项系统工程，具有一定的复杂性，需要结合基层实际。

第四节　未来社区建设内涵

一、未来社区内涵

“未来”一词是时间概念，是相对于“过去”与“现在”。在未来社区（Future Community）中“未来”有两层含义：一是状态维度，未来社区是适应现代化发展需求和满足人民美好生活需要的社区新范式，也是一种社区建设的新模式；二是过程维度，指未来社区建设是不断调整优化、迭代更新，适应城市现代化与人的现代化发展需要的过程。通过未来社区建设，实现“未来可期、幸福有望”。

（一）独特内涵

未来社区是社会发展的新鲜事物，与传统社区相比，它有六个方面的独特内涵。

1. 以美好生活为目标追求

更加注重人的美好生活需要，以功能复合的邻里中心为依托，构建24小时全生活链功能体系，有机叠加教育、健康、商业、文化、体育等高品质公共服务，并合理配建适老化公寓、婴幼儿托育中心，为“一老一幼”提供友好的生活环境。

2. 以美丽宜居为环境底色

更加注重社区优美环境的打造，充分运用新材料新技术，减少建设过程和建筑本身的环境污染；合理优化社区空间规划，打造多样化、个性化的立体绿化空间，建设成网成环的慢跑绿道，演绎绿意盎然的生态交响曲，让居民能够遥望星空、看见绿意、闻到花香。

3. 以智慧互联为基本特征

更加注重数字技术在社区建设运营中的应用，对标日本5.0超智能社会，利用互联网、物联网、大数据、云计算、人工智能等先进技术为社区赋能；依托智慧社区服务平台，打造现实与数字“孪生”社区，以新技术、新业态、新模式提升社区服务的精准化、精细化水平。

4. 以绿色低碳为核心理念

更加注重低碳生活方式和生产方式，强化TOD（公共交通导向）布局理念，提升绿色低碳出行比例；应用“光伏建筑一体化+储能”的供电系统、“热泵+储冷储热”的集中供冷（热）系统，降低社区能耗水平；严格实行垃圾分类，促进生活垃圾源头减量，创建无废社区。

5. 以创新创业为时代风尚

更加注重大众创业、万众创新，建立一批低成本、泛在化、开放式的社区众创空间，为人才提供优质的创新创业环境，演绎浙江版的“硅谷车库创业文化”；依托社区智慧平台，激发共享经济潜能，促进社区资源、技能、知识全面共享，让供给和需求实现零距离对接。

6. 以和睦共治为治理方式

更加注重多元主体共同参与，鼓励发挥社区议事会、社区客厅等自治载体和空间作用，强化社区自治功能，由居民共同管理社区事务；优化提升“基层治理四平台”，实现基层事务统筹管理、流程再造、智能服务，有效推进社区治理体系和治理能力现代化进程。

（二）未来社区的主要转变

根据上述分析，发现未来社区与传统社区相比，存在以下转变[13-14]。

1. 社区功能布局的转变

传统社区主要以住宅功能区为主，未来社区则更注重多种功能的集成配置，实现信息化、低碳化、智能化等。

2. 社区运行方式的转变

未来社区中的交通流、能源流、废物流、信息流、自然雨水流等表现得更加智能、环保和生态，更加凸显出“以人为本”的核心理念。

3. 规划建设方式的转变

未来社区的规划将更加融入城建建设的整体中，采用新的建设方式、资金投入方式、建设管理方式等，即采用“造未来”模式而非“造建筑”模式。

4. 建筑建造方式的转变

未来社区的多功能集成配套设施的建筑施工方式、建筑材料、建筑功能、建筑安装内容与方式更加现代化。

整体而言，未来社区是绿色低碳智慧的“有机生命体”、宜居宜业宜游的“生活共同体”、资源高效配置的“社会综合体”，以及具有数字社会城市基本功能单元系统的内涵特征。

二、未来社区建设的特征

（一）坚持问题导向

创建未来社区是城市高质量现代化的重要途径。建设未来社区，要时刻不忘为人民谋幸福的政治初心，坚持鲜明问题导向，以老旧建筑改造、交通出行改善、智慧设施升级、公共服务提升等为重点，不断增强人民群众的获得感、幸福感、安全感。

（二）融入先进技术

创建未来社区，促进数字智能、节能环保、绿色建筑等前沿技术大规模落地应用，促进服务业的新业态新模式大量涌现，带动相关产业大发展、大提升。从内涵上看，未来社区也是大湾区、大花园、大通道、大都市区在微观层面的交汇点，创建未来社区，将为统筹推进“四大”建设提供有力支撑。

（三）提升治理能力

建设未来社区，要把提升基层治理体系和治理能力摆在更加重要的位置，加大社区居民参与，构建科学高效的社区治理架构，培育发展专业化的社会组织，提高治理的科学化、精细化、智能化水平，营造“共建共治共享、交往交融交心”的良好氛围。

（四）传承城市文化

文化是支撑人的全面发展和社会文明进步更基本、更深沉、更持久的力量。城市社区中往往潜藏着这个城市的历史脉络和文化肌理，具有不可替代的人文价值。创建未来社区，深入挖掘独特而丰富的文化内涵，通过规划理念创新、建筑风格创新、运营模式创新，更好保护、传承城市优秀传统文化和历史经典产业，更好培育、发展独特的现代文化、时尚文化、前沿文化，构建新的文化价值体系，增强社区居民的归属感和自豪感，推动社会文明不断进步。

第三章　多元治理：新加坡社区建设理念与最佳实践

第一节　社区建设背景

一、背景

（一）殖民之下经济落后，新政来临组屋萌芽

一个国家的历史会影响这个国家未来的走向。新加坡自 1824 年被割让给英国的东印度公司之后，于 1959 年成立自治联邦，1963 年加入马来西亚，直到 1965 年 8 月 8 日才宣布独立。逾越百年的殖民给新加坡带来了混乱、不安以及极度的贫穷。特别是 20 世纪 20 年代，新加坡作为当时的英国殖民地之一，经济十分落后，大多数人都居住在陋屋区（图 3-1），房屋短缺问题极为严重且日益恶化。为此，英国殖民政府于 1927 年设立了新加坡改良信托局，负责清理陋屋区，并为陋屋区的搬迁居民提供住所。从 1927 年至 1959 年的 32 年间，新加坡改良信托局共建造了 23 000 个单位的住房，但也只能为不到 10%的人解决住房问题。1947 年，一份名为 *British Housing Committee Report* 的报告称陋屋区为“世界上最可怕的贫民窟之一”“文明社会的耻辱”。

20 世纪 50 年代，成为自治邦的新加坡仍然面临着严重的住房问题。对此，1959 年，人民行动党在选举期间许诺予以低收入人群廉价房，并在当选后于 1960 年颁布《建屋与发展法》《建屋局法》《特别物产法》《土地征用法》和《中央公积金修正令》等在内的法规文件，为组屋的建设、出售与分配提供了实施的基础与法律保障。1960 年 2 月，新加坡建屋发展

图 3-1　20 世纪 20 年代新加坡陋屋区

资料来源：这个国家寸土寸金，却没有一个房奴［EB/QL］. http：//www. sjhrzk. com/hwgc/2066. html，2021-03-20.

局（Housing & Development Board，HDB）成立，并于 1964 年推出“居者有其屋计划”，随后设计、建造了包括女皇镇、淡滨尼、大巴窑等社区在内的 12 万套组屋。组屋的建设为日后新加坡未来社区的形成与管理奠定了较好的基础，包括政策制定、建设理念、建设战略与建设路径等，丰富了未来社区建设的内涵。如图 3-2 所示为居者有其屋宣讲活动。

图 3-2　居者有其屋宣讲活动

资料来源：这个国家寸土寸金，却没有一个房奴［EB/QL］. http：//www. sjhrzk. com/hwgc/2066. html，2021-03-20.

（二）独立之后矛盾凸显，社区建设提上日程

自新加坡独立至今不过多半个世纪的时间，从世界各地移民至新加坡的人数众多，包括华人、马来西亚人、印度人和各类欧美裔人种。截至2020年，新加坡总人口约有570万，其中华人有421.8万，约占74%左右；马来族人口有76.4万，约占13.4%；印度族人口有51.3万，约占9%；余者为欧亚裔/混血人口，约占3.2%。众多的移民虽然为新加坡带来了丰富的文化，但是也带来了一定程度的混乱和各式各样的管理难题，居民之间矛盾众多。

尽管组屋的建设在一定程度上缓解了各式各样的管理问题，但初期建设的组屋仅能满足人民的基本住房需求，在规划、功能、设施等方面较为落后。随着时间的流逝，组屋的功能限制与居民在经济增长下产生的生活需求之间的矛盾日益凸显。此外，由于新加坡的国家历史形成的多文化、多民族的人口组成形式，新加坡社区居民之间的矛盾冲突在规划粗糙的组屋环境下日益显著。为解决这些社会问题，新加坡政府提出并实施“邻里中心”计划，将社区治理理念融入组屋的建设与规划中，并成立社区基层网络，通过基层组织来治理社区矛盾冲突，将理念引入社区之中。

除了规划上的更新，新加坡政府还提出了“智慧社区”的建设，通过将居民住宅、出行方式、政府—人民交流途径等方面智慧化，进一步发展居民自治与社区邻里关系。此前，新加坡已经制定了一系列战略推进国家的信息化建设，如国家计算机计划、国家IT计划、Infocomm21、连接新加坡等，为智慧社区建设提供了稳固的信息化建设基础。

二、建设路径

（一）构建社区多元治理模式

新加坡基层社区治理组织多元，既有政府下设部门，也有群众组织，实行以社区全体成员的积极参与和灵活分散为主要特点的网络管理，建构了一套由政府主导、社会组织和志愿者广泛参与的社区治理模式[15]。其社区治理的一个重要特点是政府部门、法定机构、基层组织之间职责分明，

功能互补，有效地聚合各个层面的力量，推动社区建设。

1. 政府主导人民协会

在社区建设事务中，主要以政府主导的人民协会作为社区建设的中介组织。在新加坡全域，该协会下设数量超过 100 所的民众联络所（俱乐部）、超过 500 家的居民委员会活动中心，以及部分外展中心、儿童探险培训中心、海上俱乐部、国家社区领袖学院、个人社交俱乐部会所和全国青年理事会。通过这些组织，政府建立起政府同社区居民之间的桥梁，在社区建设事务中促进民族和谐和社会凝聚，并提供一定的机会为民众提升生活技能（图 3-3）。

图 3-3　人民协会参加活动

资料来源：新格局、新青年、新未来——新加坡人民协会青年运动来访团到黄埔区、广州开发区交流访问［EB/QL］. https：//www. sohu. com/a/256824617_ 100006901，2021-03-20.

2. 基层组织广泛参与

除了上述提到的政府主导的人民协会及其下设组织外，在社区建设以及日常事务的管理中，部分福利组织、管理理事会、民间团体等发挥了重要的作用。比如，国家福利理事会领导社区服务发展，引导发展方向，提高社工的技能与专业水平，促进社会服务的策略联盟，推动慈善捐款活动（图 3-4）并确保善款合理分配；社区发展理事会作为社区行政管理机构，鼓励人人参与社会服务，开展社会援助服务，促进社会和谐，增强社区凝聚力，助推社区建设与发展；民间自愿福利团体为补充，共同发展社区社会公益事业，维持不同群体之间的利益平衡。

图 3-4　慈善晚会

资料来源：新加坡慈善人士又聚集一堂，为了支持百年善济［EB/QL］. http：//www.52hrtt.com/sg/n/w/info/D1512113627480，2021-03-20.

3. 赋能放权，多主体协商

在社区多元治理模式中，政府通过一定的授权，使法定机构和社区自治机构增强基层治理力量，在政府和民众之间建立协商共治的桥梁和纽带。其中的关键一点是赋能，赋予基层组织职能和参与事务的机会，具体做法表现在三个方面：一是赋予基层组织明确的职能和具体任务，确保执行。赋能使社区治理的主体不再是单一的政府。各类基层组织与政府机构及彼此之间建立多种协作关系，进行协商与合作。二是赋予的职能不交叉，各有倚重。由于职能不交叉，责任主体明确，既保证了各类任务顺利完成，又防止基层组织负担过重或成为行政化的附庸。三是基层组织具备一定的服务实施能力和财力。新加坡基层组织之所以体现出较高的效率和活力，不仅在于其职能分工明确，而且政府每年的拨款和相应的筹资机制确保其能够轻松地履行职责[16]。

（二）科学规划助推社区建设

新加坡在社区治理过程中，非常重视社区规划的制定和实施。自20世纪中期以来，在大规模城市建设和新镇开发的过程中，新加坡将社区服务设施体系规划与城市总体规划、各新镇规划全面整合，不仅制定了全国市镇发展的总体规划，而且制定了社区建设和社区发展的详细规划[17]。在统筹各类设施规划和布局、构建多层级服务体系、集约土地高效利用、推进社会参与服务供给等方面，新加坡做出了诸多卓有成效的探索。1971—2011年新加坡规划变迁如图3-5所示。

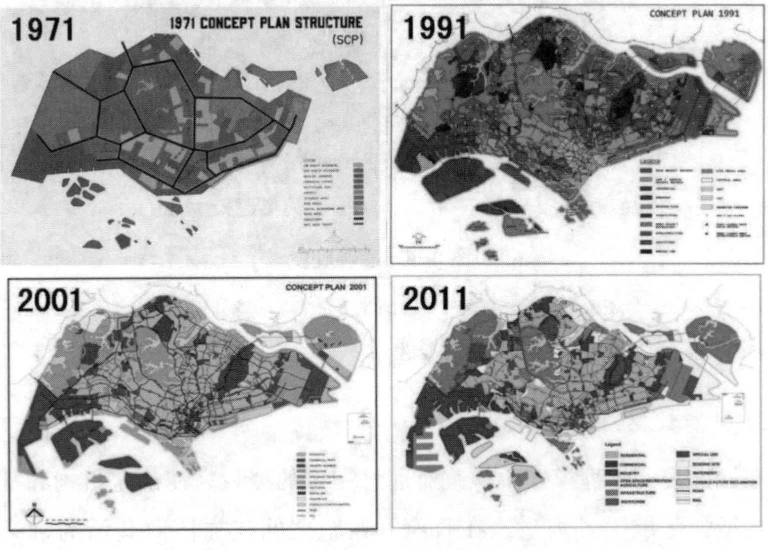

图3-5　1971—2011年新加坡规划变迁示意

资料来源：符基仕出席“2017世界城市峰会”并发表主题演讲［EB/QL］. http：//www. scpc. cc/page. aspx？ s=cn&cid=19&id=1259，2021-03-20.

1. 总体超前规划，局部优化调整

科学规划是取得成功的前提，新加坡规划具有超前性、科学性与权威性。新加坡城市规划和空间布局充分体现超前意识。早在1971年的概念规划中，新加坡就着眼于未来50年甚至更长时间的发展态势，基本框

定了整个城市发展的空间区块。每隔 5 年到 10 年对总体规划进行调整，都是在没有改变大格局的基础上进行，从而保证了新加坡城市发展的一贯性，并且每一次规划调整都要给未来发展预留空间，确保城市发展的可持续性[15]。

2. *层级规划系统布局*

社区的配套设施已成为城市规划中的必须项，其中较为重要的是服务设施。新加坡社区服务设施规划通常遵循“新镇中心—邻里中心—组团中心”的三级体系，对应新加三级新镇结构模型；近年来主要以榜鹅为代表的新一代城镇规划中，则结合“新镇—小区”的两级体系相应集中式配置各项服务设施。这样的分级规划与公共交通站点结合，形成了相应层级的生活中心，有效推动便利、绿色的生活方式。

同时，新加坡也注重设施功能和布局的高度整合，特别是随着城市轨道交通的发展，居民出行方式与生活方式也逐渐发生变化。同时近些年来新加坡劳动力规模不断缩减，新镇中心和邻里中心规划呈现出从分散布置到集中布置的转变，并且功能日趋复合[18]。

（三）发挥民众参与主体作用

1. *以人为本，注重民意*

事实上，新加坡一直注重民意的收集与反馈。新加坡的管理以公众需求为风向标，政府部门始终以公众需求为导向，针对性地规划城市软硬件服务的供给，保证其能够满足城市居民的未来需求。同理，在社区建设管理中，新加坡政府通过“民意处理组”“议员接待日”，以及人民协会的基层网络（如公民咨询委员会）等多种渠道始终保持与公众的密切联系，广泛收集公众的反馈意见；采取工作坊和“社区漫步”“记忆银行”“寻找社区领袖”等方法，让居民直接参与项目规划和设计[19]。新加坡规定，一些重大的社区改造项目和翻新计划，必须通过投票表决，得到 75%以上居民同意。此外，政府还通过聘请调查公司，第一时间了解居民当前及未来需求，并经常召开民意咨询会，了解公众对现行政策和未来可能实行政策的反馈意见，以此针对性地完善社区建设与管理。

2. 依靠民众办事，志愿者积极参与

在新加坡，民众服务的主体也是民众，社会治理主体除人民行动党基层支部（89 个支部）和政府部门邻里警局外，还有半官方性质的非政党社会志愿组织，即公民咨询委员会、民众联络所管理委员会、居民委员会等社区组织，他们在政府（人民协会）指导下自主活动，开展社区事务。此外，新加坡鼓励大学和中学生每年做义工不少于 8 个小时。理事会中吸纳了很多基层领袖和代表各阶层的居民，例如新加坡人民协会共有 3.3 万名基层领袖，他们没有报酬、自愿服务，在社会上有较高地位，由人民协会委任并给予公共服务奖章、勋章等精神奖励。管理委员会、居民委员会、社区理事会、慈善机构等组织以义工为主，在新加坡 89 个社区中，每个社区有义工 300 多人，义工每周服务 1~3 次。民众志愿者主动为民众服务，参与者有积极性，受惠民众感到满意，以此促进了社会和谐稳定（图 3-6）。

图 3-6 新加坡义工活动剪影

资料来源：嘻嘻，我在新加坡当义工［EB/QL］. https：//www. sohu. com/a/405288962_439656，2021-03-20.

第二节 社区建设理念

伴随着经济腾飞和社会进步，新加坡从国家内部实际情况出发，长远考虑并系统规划社区建设，取得了举世瞩目的成就，其未来社区建设理念深入基层并得到贯彻，不仅获得了新加坡居民的普遍认可，还提升了社会基层凝聚力，促进了社会和谐。分析和研究新加坡未来社区建设理念，对我国未来社区建设具有一定的现实意义。实际上新加坡未来社区的建设理念反映了整个新加坡的百年发展史。

社区建设不是一蹴而就的，社区建设理念也非一日形成的。在逾越 50 年的社区建设中，新加坡逐渐形成了以“以人为本”为核心的建设理念体系，从个体到家庭，从家庭到社区，再从社区到社会，逐级递增，“以人为本”的思想也愈发厚实，更为完善，由此使得整体呈现“和谐共生”的状态（图 3–7）。

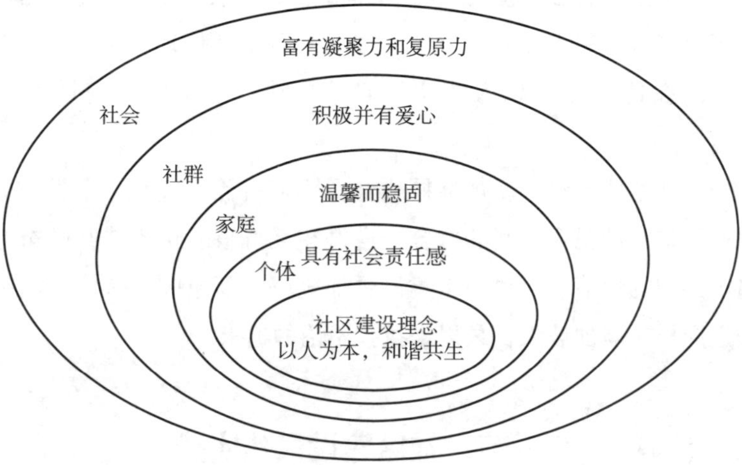

图 3–7　社区建设理念

新加坡从殖民地到自治，从加入马来西亚到独立的艰辛发展的历程，无不表明执政当局“为民、亲民”的治国理念。自治是为了摆脱英国殖民主义统治，争取更多的民主权利；自愿加入马来西亚是为了借助马来西亚的资源和市场发展本国经济；独立也是为了在国际上寻求更多的经济成长机会。

在这百年的战乱与不安中，新加坡逐渐意识到安定和谐的可贵，认识到人的价值，因此在社区建设中，新加坡一直奉行“以人为本”的建设理念，通过拉近居民与政府之间的距离，促进整个社区的和谐共生。无论是组屋的建设还是邻里中心商业模式的扩展，新加坡始终从人的角度出发。如新加坡的“亲家庭政策”，对那些在父母住所附近买房的年轻人给予一次性补贴，就是为了鼓励子女就近照顾父母。在养老服务中，老年人居住的社区多配置一些保健、护理设施；在华人社区就配置一些中文图书馆、佛教寺庙。同时，在整个社区建设过程中，新加坡政府也注重民意，收集民众的反馈意见，并以此来不断修正法案和政策，优化社区建设。在居者有其屋计划中，政府有责任和义务提供符合一般居民购买力的住房。同样弱势群体的利益得到充分的保护，在新加坡全国注册从事公益事业的社会团体达1850个，政府不断加大投入力度，倡导“义工”制度。

新加坡从国情出发，提出了具有亲和力的社区建设理念，即在个体方面具有社会责任感；在家庭方面温馨而稳固；在社群方面积极并有爱心；在社会层面富有凝聚力和复原力[20]。这多个层级所体现出来的人文关怀与特殊情感均在传达着“以人为本”理念，在一定程度上闪烁着人性的光辉。

此外，从整体上看，新加坡同样注重不同种族、文化、宗教信仰、性别、职业与贫富的民众之间的融合，遵循相互尊重、包容与共同奋斗的原则，追求共同的价值观，致力于建设更加美好的新家园。这体现出来的和谐与安定同样是新加坡人长久以来孜孜不倦的追求。

第三节　社区建设最佳实践

一、居者有其屋计划

（一）法律法规汇总

新加坡未来社区的良好建设离不开优秀的顶层设计，其出台的法律法规很好地引导了未来社区长达几十年的建设，特别是“居者有其屋计划”中，为部分新加坡公民提供足够的组屋，法律法规的保障使得该计划有序执行，在一定程度上解决了新加坡紧张的住房问题，缓解了社会矛盾。20世纪50年代末、60年代初出台的几部有关土地征用、组屋建设、公积金的法律及部分内容如表 3-1 所示。

表 3-1　法律法规汇总

类型	名称	主要内容
建屋与征地	《土地征用法》	凡为公共目的所需的土地，如建设道路、地铁系统、学校、医院、公园及政府组屋等，政府均可强制征用，赋予政府征用土地建造组屋的权利，此外政府对于被征用土地的价格有权进行调整，价格不受市场影响且任何人不得随意更改。由于土地利益极易被掌权者腐化，法律规定政府将土地拥有权分配给土地管理局，国家发展部则被授予土地分发权，这样使得土地规划和分发、售卖不存在同一部门的利益关系，权力的相互制约能够有效避免腐败现象的发生①
	《建屋与发展法》	组屋拥有者可以在公开市场将组屋出售给符合条件的购房者。卖方和买方应向建屋发展局申报真正的出售价，不得进行引起申报价格被虚夸或低估的任何补充协议或其他协议或安排
购房与补助		买家和卖家提供虚假信息给建屋发展局建屋与征地的，处以 6 个月监禁或最高可达 5000 新元的罚款
	《中央公积金修正令》	公积金可用于住房建设和消费贷款，允许动用公积金存款的部分作为首期付款之用，不足部分由每月缴纳的公积金分期支付。该法扩大了公积金的使用用途，从立法角度强制规定雇主和雇员按照一定比例缴纳公积金的政策，使政府积累了大量的住房建设资金，为组屋的建设发展提供了有力的资金保障②

（二）组屋建设历程

1. “组团邻里中心”阶段

在组屋建设之前，新加坡便于 1960 年立法成立组屋发展局，主要负责组屋总体规划、兴建和管理，为中低收入民众提供低于市场价格的公共住房。到 1964 年，新加坡政府实施“居者有其屋计划”，开始更新中心市区，建设卫星城镇，扩大廉价住房的规模。

这一时期组屋设计比较简单，楼层多在 10~12 层，主要采用“组团邻里中心”模式，即围绕镇中心设置邻里单位，邻里单位内有邻里中心，配有学校、商店和菜市场等设施，以满足居民的基本生活需求。镇中心作为各邻里单位共享区域，基础服务设施比邻里中心更加完善。1961—1970 年，新加坡住房需求总量为 15 万套，建屋发展局提供了约 12 万套组屋[21]，基本满足住

① 《新加坡土地征用法》。

② 《中央公积金修正令》。

房需求，有效地解决了住房问题。新加坡组屋如图 3-8 所示。

图 3-8　新加坡达士岭组屋

资料来源：刚刚，新加坡最贵组屋出炉！居然 120 万新币～［EB/QL］. https：//www. 163. com/dy/article/ECMQQCBP05371E5Q. html，2021-03-20.

2. “棋盘式”发展阶段

20 世纪 70 年代，在基本解决大部分低收入民众住房问题的基础上，新加坡建屋发展局开始把精力转向中等收入群体，制定新镇发展规划，推出多房式的套房。1971 年，在联合国开发计划署援助下，新加坡制定土地利用和道路网络相结合的总体规划和控制性详规，提出满足预增人口住房的发展规划。1974 年 2 月，新加坡成立住房与城市发展有限公司（Housing and Urban Development Department，HUDC），负责开发适合中等收入群体的五房式套房，标志着“居者有其屋”政策范围从低收入家庭拓展到中等收入家庭[22]。

在规划设计方面，这一时期除沿用“组团邻里中心”模式外，又采用了“棋盘式”发展模式，即以区块（Precinct）为规划单位，把绿地、公园、学校、体育馆和运动场等均匀分布在新城中，各种设施一应俱全。这一时期的组屋建设注重居民的精神生活和城市环境塑造，既优化了土地功能，整合了城市交通，又营造了优美的居住环境和和谐的邻里关系[23]。

3. 配套设施完善阶段

20 世纪 80 年代初，由于新建组屋的位置比较偏远，并且排队等候时间比较长，建屋发展局开始发展二手组屋市场，以提高组屋利用效率[24]。根据数据可以看到，越来越多的居民住进组屋。1974—1975 年，居住组屋的人口占总人口的 50%；1982—1983 年增长到 75%[25]；1990 年更是高达 88%[26]。此时住房难问题已基本解决，建屋发展局逐步改变早期单一式和应急性发展模式，停止一房式和两房式组屋的建设，推出了一系列高级公寓组屋，并更新了设计样板，更加注重环境的美化和设施的配套，在组屋周围配备了公交车站、快餐店、商业中心、银行、图书馆、诊所、干洗店等便民服务设施，还专门为老人设置了健身场所和娱乐场所等[2]。如图 3-9 所示为残疾人士设置的轮椅。

图 3-9　为残疾人士设置的轮椅

资料来源：新加坡为什么就是不堵车？这些操作真是太绝了［EB/QL］. http：//www. colemanedu. com/show/153. html，2021-03-20.

4. 组屋翻新阶段

随着时间的推移，越来越多的组屋无法满足居民需求，且出现了设施陈旧、居住拥挤和停车困难等问题。为解决这些问题，新加坡提出“组屋翻新计划”（Estate Renewal Strategy），即清除部分破旧组屋，进行土地再开发；修复、粉刷旧组屋，更新配套设施；将原来的一房式房型改建成三房式或四房式等。“组屋翻新计划”由城市重建局（Urban Redevelopment Authority）具体负责，所需花费全部由政府承担，基本原则是“五年一小修，十年一大修”。

此外，政府特别注重向居民征求意见，尽可能地把居民具体要求反映到组屋更新计划中，使翻新工作更具针对性，从而大大提高了组屋翻新的满意率和利用率。这一时期组屋呈现出两种发展趋向：一是推行组屋翻新计划，包括电梯翻新计划和家居改进计划等，同时建设高层住宅；二是在郊区建设环境优美的组屋，提升整体居住品质，满足居民对不同类型组屋的需求[2]。

5. 组屋多元化发展阶段

随着经济的发展，居住标准也逐渐提高。建屋发展局为满足不同民众需要，推出了一系列新的住宅类型。例如为解决人口老龄化带来的社会问题，专门设计了适合几代同堂的户型，并对与老人同住或与老人住在同一小区的购房者在购房价格上给予政策优惠。

21 世纪以来的组屋规划与设计利用成熟的网络轨道交通系统，将住宅、商场、学校、运动和娱乐场所连接到一起，采用的住区模式被称为“21 世纪模式”，类似于美国新城市主义提倡的公交导向型开发（Transit Oriented Development，TOD）模式（图 3-10）。总体来讲，新加坡组屋建设经历了由追求数量到讲究质量的转变，并不断走向成熟的过程，一直在向更加灵活、更加多样、更为人性化的方向发展，实现了由“居者有其屋”向“居者乐其屋”的飞跃，妥善解决了住房这个关系社会稳定和发展的重大民生问题[2]。

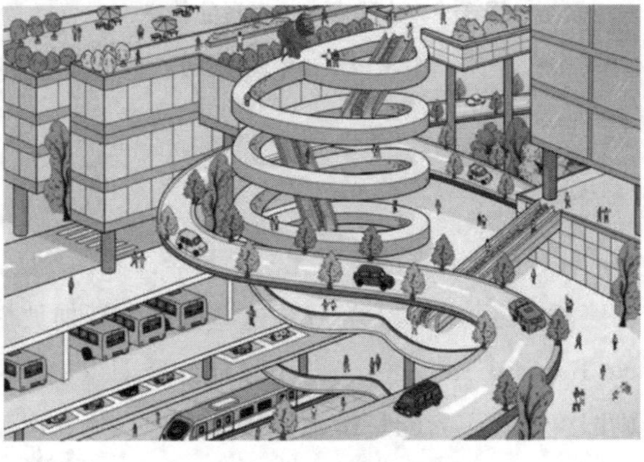

图 3-10　TOD 模式概念图

资料来源：龙湖闵行 TOD，商务办公新升级［EB/QL］. https：//sh. focus. cn/zixun/6cc8fe4fd6e7b010. html，2021-03-20.

（三）例子：大巴窑

新加坡大巴窑地区是新加坡建国初期建设的第一批组屋，在经历了女皇镇的建设后，大巴窑作为新加坡第二个卫星镇于 1964 年开始被设计和建设。

6 年时间里，大巴窑地区内，散落的工厂、村屋和郊区养殖场被整体规划和更新，形成 12 个邻里区块，约有 15.6 万居民，面积为 8.5 平方公里。组屋的建设也从原本的一房、两房式的小型组屋演变到四、五房式的大型组屋，大巴窑由此也搭建了家庭化等内容更丰富的居住型消费单元，成为一个根据邻区规划概念开发的典型市镇（图 3-11）。

图 3-11　大巴窑现状

资料来源：索珊．现代都市的烟火气，隐藏 50 年的新加坡社区商业典范首看［EB/QL］. https：//www. ret. cn/in-sight/1775. html，2021-03-20.

1. TOD 模式，集约可达

大巴窑规划采用了 TOD 模式的优点，邻里中心结合了快速路和地铁站的出入口，集约便利性优化了新市镇中心的公共设施布局，充分缓解中心城市的高强度开发压力，为居民出行提供了极大便利。TOD 模式概念图如图 3-12 所示。

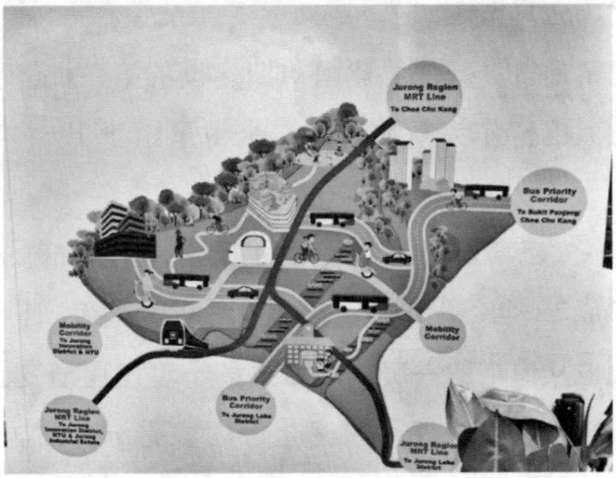

图 3-12　大巴窑功能区示意

资料来源：索珊．现代都市的烟火气，隐藏 50 年的新加坡社区商业典范首看［EB/QL］．https：//www. ret. cn/in-sight/1775. html，2021-03-20.

大巴窑社区的商业区域呈现 3 条商业街的布局，实现了商业空间内部衔接便利的目标。区域内拥有多家购物中心和百货，涵盖咖啡、标准餐食，拥有送餐和节日套餐功能，低价超市和普通超市同时设立，从水果、蔬菜到服装、百货，从家电到首饰、眼镜，从餐饮到美发、美甲，日常生活的各个服务门类均有涵盖，供不同消费者选择。

每个邻里中心距离居住区最远的距离也不过 500 米，居民只要下楼步行 5 分钟左右便可到达，更好地实现了服务覆盖居民的可到达性。

2. 完善配套，绿色覆盖

除了商业、公共服务等实际功能之外，大巴窑还在新的规划中提出建造新组屋单位，翻新步行街和民众广场，为行人修建道路顶棚，设置新的自行车架和自行车道，建立整栋停车楼等，以此扩展更多绿色空间和无障碍设施，配备邻里公园等供居民休闲放松的绿色场所。此外，大巴窑社区未来将建起“艺术与角落”，用以传承大巴窑的文化和历史。

在新加坡大巴窑市镇，放眼望去都是苍翠如盖的雨树，街道整洁，小贩中心热闹，住宅楼高耸……政府也一直坚持组屋翻新和邻区更新，房龄 50 年的“旧房子”看起来像是最近 10 年的新房（图 3-13）。

图 3-13 翻新组屋

资料来源：这些项目，让我们看到了未来社区的模样！［EB/QL］. https：//m. sohu. com/a/417118201_ 761684/，2021-03-20.

二、邻里中心

（一）邻里中心理念

邻里中心理念是新加坡政府根据新加坡社会文化情况，进行长远考虑而构思和制定的精神内核：国家至上，社会为先；家庭为根，社会为本；关怀扶持，同舟共济；求同存异，协商共识；种族和谐，宗教宽容。

基于这种既充满东方哲学与智慧，又与西方人文精神相融合的规划指导思想，使得“邻里中心”体现出鲜明的地域和民族特色。[5]

（二）邻里中心特征

1. 住宅延伸体系

邻里中心全部设施满足人们在家附近寻求生活、文化交流的需要，构成了一套巨大的家庭住宅延伸体系。菜场、超市是厨房的延伸；浴室、洗衣房是卫生间的延伸；影院、茶座、歌舞厅是客厅的延伸；图书馆、阅览室是书房的延伸。

人们在邻里中心进行这些活动，较之在家里更增添了社区文化的氛围。

由此，邻里中心以该社区居民为主要服务对象，把既有商业和服务设施集于其中，缩短了这些设施与社区居民的距离，满足了人们多样化的需求；既便民、利民，又提高了居民的生活质量和城市环境质量。该模式区别于中心商务对外交流为主的城市功能，但两者又互为交叉，共同构成城市人民活动中心的完整系统。

2. 政府调控商业

在政府的支持下，邻里中心为社区居民提供教育、文化体育、生活福利等服务，这种不断完善的商业组合取得了相当可观的经济效益，还提供了很多就业机会①。

（三）邻里中心模式

新加坡邻里中心模式包含“城市规划”与“社会治理”两个层面的内涵。

1. “城市规划”层面：邻里单位理论的延伸

在“城市规划”层面，邻里中心的内涵较为简单，其作为“邻里单位”理论的延伸，是为居民提供社会生活配套设施，服务周边居住区的规划建设模式。“邻里组团”是新镇规划的基本单位，包含着周边更多的配套服务设施，“邻里组团”中包含着邻里中心。

2. “社会治理”层面：基层治理的政治密码

在“社会治理”层面，邻里中心的内涵为新加坡基层治理的政治密码。事实上，邻里中心理念是以消除种族冲突、跨越宗教价值、推进邻里守望、发扬社区价值为目的的社区治理理念。新加坡邻里中心的成功与其独具特色的治理模式密不可分，表现在通过邻里中心，政府管理与基层自治之间形成了相对稳定的平衡，比西方政治色彩强，比中国政治色彩弱，邻里中心成为国家推广共同价值的抓手。

（1）政府主导邻里中心建设

首先，政府主导建设规划。新加坡邻里中心模式实际上是通过“市

① https：//www. sohu. com/a/305837116_ 100249852.

镇—邻区—组团”三级规划，将“邻里单位”的理念融入城市规划，并通过国家权力将规划严格执行到位，成功地将邻里中心理念植入每个居住“组团”。

然后有专门的国家机构分别进行“硬”“软”件管理。“国家发展部”与“社会发展、青年及体育部”是国家机构下的两个社区管理部门，“国家发展部”下设“市镇理事会”，负责组屋规划、设计及建成后的日常维护与翻新，是邻里中心的“硬”件管理部门；“社会发展、青年及体育部”下设“人民协会”与“社区发展理事会”，负责倡议、计划并管理社区项目，组织社区活动，提供为老服务等公共福利，是邻里中心的“软”件管理部门。

其次，商业设施在政府的管控下进行商业活动。邻里中心还是社区商业的代名词，政府通过邻里中心、交通设施与居住住宅的整体规划，使邻里中心成为居民家庭住宅的延伸体系，增强了居民与社区商业之间的黏性。

此外，邻里组团成为新加坡国家治理的基层单位，邻里中心则成为国家解决社会问题，实现长治久安的重要工具。从最初的“消除种族冲突”到现在的“塑造共同价值观”，邻里中心一直是政府解决社会矛盾、引导社会治理目标实现的重要工具。

（2）“人民协会”负责运营服务

邻里中心机构设置是政府架构与职责的横向扩展。“人民协会”是全国社区组织的总机构，与政府部委平行，由政府总理和部长担任主席和副主席，对应 84 个选区设置 84 个“公民咨询委员会”，分别由 1 名国会议员代表管理。“公民咨询委员会”是国会议员与民众接触的基本地域单位，以传递政策、反映民意为职能，成为政府与人民之间的联系通道，而非国家权力机构。

“人民协会”的组织架构将政府政治责任与民间自治管理有机结合。“人民协会”是国家机构的组成部分，但国民更倾向于把其当作非政府组织，原因是其下设的“民众俱乐部”“居民、邻里委员会”是典型的非政治性基层组织。它们以社区居民的需求为导向开展社区活动，在公共事务上向居民征求意见，并将意见反馈至所在选区的“公民咨询委员会”，与

“公民咨询委员会”一起分别构成了非政治（自治）与政治的两套服务体系，并通过平等对话协商的形式开展合作。

政府提供固定资金支持，并制定了成熟的经费配套政策。邻里中心日常运作与大型活动的经费主要来源于政府拨款和社会赞助。政府拨款包括行政经费、活动经费以及专项经费，其中活动经费标准是每个居民每年1新加坡元。为了鼓励社会对社区活动的赞助，政府制订了经费搭配计划。社区组织每从社会获取1新加坡元的赞助，政府会按1∶1的比例配资；对于以固定方式长期支付的社会赞助款项，政府配资比例为1∶3。

（3）公共组织开展社区服务

非政府组织活跃在基层社区。在新加坡基层邻里中心活跃着多个非政治性基层组织，由民众俱乐部负责管理。民众俱乐部由基层领袖（志愿服务者）组成的委员会负责管理，下属多个二级委员会，如青年执行委员会、妇女执行委员会、乐龄执行委员会、马来活动执行委员会、印度族执行委员会、少年俱乐部、选区体育俱乐部、民防执行委员会、志愿福利组织等，这些组织成为社区活动的策划者、组织者，并提供公共服务。

志愿者、义工是支撑社区活动的主体。基层社区非政治性组织的运作，向社会募集资金，与政府协商谈判，组织社区各种类型活动的开展，绝大多数工作人员为志愿者、义工，一个社区300多名工作人员，领取工资的往往不到5人。

推行“邻里守望”计划，发扬互助精神。新加坡很早就开展“邻里守望”计划，目的在于鼓励住在临近的居民发扬互助精神。由同一楼层的居民组成一个“邻里守望小组”，配合邻里警岗的警务人员，共同维护邻里治安。

（4）政治体系接纳青年志愿领袖

政治体制向社会精英开放。新加坡人民行动党的政治体系是向社会开放的，吸收了很多社会精英人才，尤其是基层组织中的青年领袖。这些活跃在基层的非政治性组织以及志愿者、义工，将来有机会成为青年领袖、社会精英，未来议员的候选人往往从这些群体中产生，这形成了对志愿者精神层面的激励。

政府提供培训和多种奖励。基层社区志愿者由政府提供培训，政府对于参与社区服务的基层领袖给予多种奖励。例如每年新加坡国庆日，政府都会向长期服务的基层领袖颁发不同级别的公共服务勋章；其还可享有社区内免费停车的优待；子女在小学入学时，可享有优先报名权；在申请组屋时，可享受优先选购权等。这些都是吸引和鼓励居民参与社区志愿服务的重要措施[27]。

（四）邻里中心发展历程

第一代邻里中心是在新镇建设的初期阶段形成的，其主要职能是满足从贫民区迁移出来的民众的基本生活，主要代表新镇为女皇镇。为了给大量的贫民区民众提供适宜居住且卫生的居住环境，建屋发展局将早期的居住者迁移到新建的女皇镇公共住宅区域，此时的邻里中心还没有切实具体的建筑形式，其主要职能仅仅是满足民众的日常基础生活需求（图 3-14）。

图 3-14　女皇镇组屋外部环境

资料来源：黄程栋，朱丽，刘端怡．新加坡组屋：让国民“居者有其屋”［EB/QL］. http：//sg. xinhuanet. com/2017-08/06/c_ 129673555. htm，2021-03-20.

第二代邻里中心是以大巴窑新镇为代表，于 20 世纪六七十年代出现。结合“女皇镇邻里中心”的建设经验，大巴窑新镇在公共设施上除了满足基本的活动需求设施配给外，还酌情考虑了商业、教育、体育和休闲等公共设施的配给，一定程度上完善了周边居民生活的便利度。但由于经验不足，在使用后仍然产生了效果不佳的现象。

第三代邻里中心进入建设的正轨。1970 年，HDB 明确了新镇中心与邻里中心的地理分布和功能定位，在空间层级上形成了“新镇—邻里”的两级结构，功能设置上大幅度地提升了周边民众生活的便捷程度，但开始出现社区氛围较差，居民缺乏社区归属感等问题。

第四代邻里中心的建设逐渐成熟化。第四代邻里中心细化了社区服务空间结构，在原有“新镇—邻里”的两级空间层级上开拓出更小层级的概念——“组团”，使得社区空间结构和规模缩小，有效地改善了邻里氛围，有助于亲密的邻里关系的产生。

第五代邻里中心进入新时期探索的阶段。榜鹅新镇的建设打破了传统的三级空间层级，结合地铁和轻轨，形成了新型的新镇中心—“小区”这一二级结构的空间体系，以新镇中心为主要服务中心，以轻轨与各小区相连接，周边再辅以必要的生活配套设施。另外，新一代的邻里中心开始尝试将健康理念与生态理念、社区服务相融合，形成新型的邻里中心模式[28]（图 3-15—图 3-16）。

图 3-15　新邻里中心榜鹅外部环境

资料来源：作者拍摄。

图 3-16　新邻里中心榜鹅内部环境

资料来源：作者拍摄。

（五）例子 1：第一乐广场

如图 3-17 所示，第一乐广场是典型的邻里中心商业模式下的产物，坐落于新加坡西部的蔡厝港，此处是新加坡政府规划的高密度组屋住宅区，周边居住人口近 50 万人。第一乐广场位于整个社区的中心，交通便捷，连接了主要公路，广场边上就是蔡厝港地铁站、轻轨列车站及巴士转换站。走进商场，浓浓的生活气息扑面而来，忙碌了一周的全家老少齐出动，或选购商品等，呈现一派热闹的生活场景。

图 3-17　第一乐广场

资料来源：新加坡怎么搞"小店经济、地摊经济"？［EB/QL］. https：//kuaibao. qq. com/s/20200605A0FHRV00？refer=spider_ push，2021-03-20.

第一乐广场的成功之处是亲民设施增加了社区商业黏度。这是一个以家庭消费为主题的社区购物中心，营业面积仅有2万多平方米，却有150多家零售商店。因为第一乐广场是社区商业性质场所，所有者就将物业形态分割，引进诸多符合生活消费的店铺。

地下一层的“食物小巷”和四楼的食阁，为社区居民提供美味的食品。位于一楼和二楼的BHG，是北京华联集团试水新加坡的项目之一，目标客户是有时尚和美容意识的消费者。三楼则是售卖家庭用具、电脑、电器及美容美发等的商铺。在四楼，映入眼帘的是蔡厝港的公共图书馆，这是一个社区商业与公共设施相结合的现实案例，居民在此可享受便捷的阅读乐趣，且该图书馆是免费的。五楼则是以休闲和娱乐为主的楼层，居民在此看电影、打电动玩具，或者在露天游乐场上奔跑玩耍。新加坡的“邻里中心”是社区商业，它主要考虑的是为居民服务、为生活服务。

它的业态组合特征有三个。第一个是餐饮，这类餐饮以家庭餐饮为主；第二个是生活消费，即购物方面，包括超市购物；第三个是娱乐，在这种社区商业中，其业种的特征是有两个的比重分配得很大。

第一是未成年人的，也就是儿童、学生的消费比重特别大，因为在整个第一乐广场的购物商场里面，儿童玩具和用品的这一类店铺有十家，而女性购物店的比例和数量比它还少一点。

第二是以家庭妇女的消费为主的，主要都是一般的衣服、鞋子、包袋等日常生活所需要的店铺，这块配得比较多一点。此外，还有一个非常明显的特征是很家庭化，家具店也配到了社区商业场所里面，完全为生活服务。第一乐广场的业态比例中，购物比例是26%左右；在家电方面比例大约在7%；餐饮的比例在25%左右；娱乐的比例相对餐饮较高，大约占到15%~17%。新加坡第一乐广场这种贴近生活，实实在在为居住区的居民提供生活消费的便利，以及它的业态比例值得探索与借鉴。社区商业一定要做到心中有“亲民”二字，只有这样才能更加贴近百姓，才能更加有活力[29]。

（六）例子2：淡滨尼邻里中心

随着19世纪90年代新加坡经济的发展和基本住房问题的解决，国民的改善型居住需求有所上升，新加坡住房体系的发展从“提量”阶段向“提质”阶段转变。在随后的一系列新镇和居住区建设中更加注重高品质、多样化住房供应，体现在优化选址、用地混合、整合交通、组团结构和社区营建等方面。而淡滨尼新镇（Tampines）是新加坡的一个典型社区综合体代表。

淡滨尼新镇堪称社区邻里中心开发的典范，位于新加坡 CBD 以东约 14 公里，通过便捷的轨道交通与 CBD 连接。淡滨尼新镇的规划始于 20 世纪 80 年代，规划总占地面积约 20.61 平方公里，规划容积率 2.8，其中居住用地面积 5.49 平方公里，规划总人口约 30 万人。在淡滨尼新镇区域内有八个邻里中心（图 3-18），每个都拥有 5000~8000 套中高层住宅，每一个社区中心都拥有属于自己的商业中心，居民从家到家居、干洗等商店只需要 10 分钟左右的步行路程，而学校、公园和娱乐中心只需要搭乘短途公交即可到达。各地还设有小贩中心、商店、诊疗所、羽毛球场、游泳池和图书馆等设施，为居民提供便捷、舒适且充满活力的生活服务。

图 3-18 淡滨尼邻里中心

资料来源：淡滨尼天地．新一代合心生态社区生活中心/DPArchitects［EB/QL］. http://www.archcollege.com/archcollege/2018/1/38811.html? tdsourcetag=s_ pctim_ aiomsg，2021-03-20.

淡滨尼新镇在规划中运用了合理的功能混合、便捷的交通连接、三级组团结构、分级设施布局等策略，营造了宜居、便捷的社区环境。在用地混合上，淡滨尼在规划中将 30%~40%的土地用于居住和居住的相关设施，30%用于工业和商业发展，其余的则用作公共基础设施建设。功能的混合提供了就近就业的机会，使得淡滨尼不仅仅是一个功能单一的“卧城”，缓解了长距离交通量，也在一定程度上平衡了公共住房建设成本[30]。

在交通连接上，淡滨尼新镇规划了以公共交通为导向的 TOD 开发模式，布设互相衔接的地铁、公交系统。在内部空间组织上，淡滨尼新镇创新地运用了清晰的“区域—邻里—组团”三个层级的结构，每个组团占地约2~4公顷，由4~8栋住宅楼围合，能容纳700~1000个居住单元；约4个组团组成一个邻里单元。在组团与邻里单元划分的基础上，淡滨尼根据三级体系分级布设公共设施和商业中心（图3-19），保证可达性和覆盖率，并与公交站点相整合，进一步促进了就业、活动、居住、交通功能的混合与连接[31]。

图3-19　淡滨尼内部商业中心

资料来源：作者拍摄。

综上所述，以淡滨尼新镇为例的新加坡邻里中心注重社区的宜居性和居住融合，通过TOD体系、用地功能混合、分级公共设施体系营造了舒适、便利的社区环境，并通过兼顾租售需求满足了不同收入水平人群的需求，促进了居住公平与社区融合，营造了宜居、普惠的社区环境。

三、智慧社区

在智慧社区建设方面，新加坡的目标就是要为居民提供一个安全、舒适、便捷、现代化的社区环境，包括硬件和软件两个方面。

硬件方面的投入有：在组屋区修建装有电子车位监控系统的智慧停车场；在邻里中心安装智慧电风扇，根据环境温度、人流量和自然风势自行启动或者调节风速，等等。

软件方面的投入有：为居民提供“一站式”服务端口，居民只需输入一个密码就可以享受到电子政务服务，包括住房申请、税务申报、工作许可、对政府服务的反馈意见和建议等；开发“一联通”系统，让每个居民都能智慧地参与到城市管理中，等等。

（一）公共服务配套设施完善

新加坡鼓励使用公共交通。其公共交通网络四通八达，地铁网络、轻轨网络构成了新加坡公共交通的骨架，公交网络构成了公共交通的支线和末梢。每个楼群都有公交线路抵达，地铁站和公交车站以及居民组屋之间可以实现无缝对接。所有的组屋、商场和公共建筑物之间都是用无障碍有顶棚的长廊相连，而且一直连接到公共汽车站，所以在新加坡步行、候车都非常方便。

新加坡的社区按照“棋盘设计、严丝合缝”的理论建造，非常人性化。组屋所在的市镇的结构就像一个大棋盘，棋盘中心就是镇中心，这是居民餐饮、购物、休闲、娱乐的中心和交通枢纽。一个市镇又分为 5~6 个邻里，每个邻里又像一个微型市镇，邻里中心有小型快餐店、食品店、杂货店和诊所。每个邻里分为 6~7 个楼群，每个楼群占地 10~15 公顷，有 500~1000 户（2500~5000 人），有自己的绿地空间、健身设施和停车场，还有幼儿园、老人活动中心等。无论住在哪座楼的居民，想去邻里中心吃个饭或者乘车去镇中心，走路不超过 5 分钟（在有顶棚的走廊穿行，不怕日晒雨淋）。这样一个有 20 万人左右的市镇，除了去远处上班，居民的日常生活可以基本不出市镇。

（二）居民自治作为治理核心

1. 居民自治简介

新加坡的社区治理模式是典型的政府主导下的居民自治。人民协会的基层组织在其中起着关键作用，公民咨询委员会、居民联络所都是重要的基层组织。这些社会组织层次不同，参与人群不同，从而可以让不同需求、不同能力的居民都能找到参与基层社会治理的渠道和平台。

公民咨询委员会是一个选区内最高的、全区性的综合基层组织，起着枢纽型社会组织的作用，其委员大都是有名望的人。该组织指导并协调本选区其他所有的基层组织；还充当政府和居民之间的联系纽带，既把国家政策传达给居民，也把居民的意见反馈给政府相关部门。

每个邻里都有居民联络所，在功能上类似于我国一些大型社区的居民活动中心和居民办事服务窗口。新加坡的公共服务基本上下沉到这里，一楼办理的业务大致相当于我国城市中各个行政区办事大厅办理的业务。二楼是各类社会组织活动的场所，是社区社会组织开展活动的落脚点，也是孵化器。

上述三个基层组织和活跃于社区中的功能型社会组织一起在从不同层次、不同角度服务于居民。他们既为居民提供差异化、多样化的需求，也为居民参与社区治理提供了丰富的舞台[14]。

2. 社区基层组织介绍

（1）积极老龄化理事会

PA 积极老龄理事会（AA Council）倡导积极衰老，并为积极衰老团体在基层计划中蓬勃发展创造了支持环境。PA AA 委员与老年人执行委员会、其他基层组织和社区伙伴合作，通过积极的老龄化计划促进社区联系。PA AA 委员会还将被概念化并组织实施旗舰计划，以支持积极的老龄化（图 3-20）。

图 3-20　新加坡积极老龄协会出席活动

资料来源：评论：积极应对老龄化让更多老年人老有所乐［EB/QL］. http：//jining. dzwww. com/sdnews/201805/t20180529_ 16511876. htm，2021-03-20.

（2）社区俱乐部管理委员会

社区俱乐部管理委员会（Community Club Management Committee，CC-MC）由员工和志愿者组成，帮助建立、管理和维护所有的社区俱乐部（Committee Club，CC）。CCMC 定期开会和组织创新，以帮助居民聚集在社区俱乐部交流和建立友谊。CCMC 通过专门为居民组织各种文化、教育、娱乐、体育、社交和其他社区活动来促进种族和谐与社会凝聚力。CCMC 管理着所有社区俱乐部，确保所有社区俱乐部都能满足居民的期望和需求，并为社区居民组织创意、创新课程和活动。

（3）社区体育俱乐部

社区体育俱乐部（Community Sports Club，CSC）共有 89 个，由志愿者组成，他们与巴勒斯坦权力机构合作，以促进居民之间的社会凝聚力、种族和谐和社区联系。人民协会（People Association，PA）通过 CSC 开展活动，并通过广泛的体育活动促进社区之间的联系，促使居民参与和互动。

（4）社区体育俱乐部理事会

社区体育俱乐部理事会（CSC Council）于 2006 年 6 月成立。CSC 理事会的主要作用是与社区体育俱乐部、其他基层组织和其他体育机构合作，通过体育运动（图 3-21）促进社区联系。CSC 理事会还致力于通过各种计划扩大居民的公共空间。

图 3-21　新加坡勿洛邀请赛

资料来源：王鲁西．新加坡——新加坡勿洛俱乐部门球友谊邀请赛［EB/QL］．https：//mp. weixin. qq. com/s/Gvvw-S2Ru7atjRsVQtjroQ，2021-03-20.

（5）社区紧急参与委员会

社区应急和参与委员会（The Community Emergency and Engagement Committees，C2EC）是前紧急准备组（Emergency Preparedness，EP）和民防执行委员会（Civil Defence Executive Committee，CDEC）合并成立的，是由各个选区组成的社区紧急准备单位。它们有助于增强社区的应变能力。

在和平时期，C2EC 制订并维护社区 EP 计划、结构和系统。他们组织演习和紧急准备活动，以保持准备状态并确保紧急情况下的操作准备就绪。C2EC 还与各种政府紧急部门合作，以向公众宣传社区紧急准备方案。

在紧急情况下，C2EC 协调社区资源和基层的应急响应工作。他们与其他基层组织一起，通过分发关键信息和收集反馈信息，帮助应急机构化解紧张局势，恢复公众的信心和正常状态。

此外，还有社区应急小组（Community Emergency Response Team，CERT）。CERT 成立于 2004 年，由基层领导人和附近居民组成，最初是居民委员会和居委会的一部分，以支持 EP Group 和 CDEC。CERT 是一组有组织的志愿者，经过专门培训以应对紧急情况并在恢复过程中协助社区。CERT 增强了当地社区的应急能力，因为其成员能够在应急机构到达前后进行基本的急救、疏散和人群控制。

（6）公民协商委员会

公民协商委员会（Citizens Consultative Committee，CCC）是人民与政府之间的重要桥梁。CCC 计划并领导选区的主要基层活动，监督地方援助计划，并组织大型筹款项目和全国运动。

CCC 组织各种计划来支持 PA 的使命；帮助实施、管理针对社区中有需要和经济贫困居民的援助计划；通过解释政府政策和收集居民反馈来促进人民与政府之间的互动。

（7）邻里委员会

邻里委员会（Neighborhood Committees，NC）于 1998 年 6 月成立。NC 鼓励积极的公民身份，并在私人住宅区内建立更牢固的社区联系。NC 还与各种政府机构合作，以改善其私人住宅区的社会和自然环境。其主要职能有：①促进居民之间的和睦、和谐与凝聚力；②就居民的需求和愿望与政府当局联系并向其提出建议；③传播信息并从居民那里获得有关政府政策和行动的反馈；④在居民中培养良好的公民身份。如图 3-22 所示为新加坡社区企业之星评选现场。

图 3-22　新加坡社区企业之星评选现场

资料来源：新加坡全国商联总会．新加坡邻里企业之星奖发布会［EB/QL］．http：//fmas. org. sg/ch/2016%E5%B9%B4%E6%96%B0%E5%8A%A0%E5%9D%A1%E9%82%BB%E9%87%8C%E4%BC%81%E4%B8%9A%E4%B9%8B%E6%98%9F%E5%A5%96%E5%8F%91%E5%B8%83%E4%BC%9A%E5%B0%86%E5%9C%A84%E6%9C%8828%E6%97%A5%E4%B8%BE%E8%A1%8C/，2021-03-20.

（8）人民协会青年运动

自 1971 年以来，作为领先的青年组织，人民协会青年运动（People's Association Youth Movement，PAYM）一直在吸引 12~35 岁的新加坡青年。40 多年来，PAYM 提供了一系列有趣而有意义的计划，激发、参与并赋予青年力量以创建充满活力的青年社区。

社区俱乐部（Community Club，CC）的青年执行委员会（Youth Executive Committee，YEC）进一步加强了这种公共联系。青年俱乐部成员被选入 YEC，使他们参与各种计划和活动，并与基层组织一起为各自选区的居民实施社区发展项目。

PAYM 网络目前由位于 CC 的 107 个青年俱乐部组成。这些青年俱乐部由 102 个 YEC 负责管理，这些 YEC 由年轻的基层领导组成，他们确保计划和活动始终是最新和创新的。

（9）居民委员会

新加坡于1978年成立了居民委员会（Resident Committees，RC），以促进住房和发展委员会房地产的各自RC区内的居民之间的睦邻关系、种族和谐和社区凝聚力。RC由居民为居民经营，RC还与其他基层组织（如公民咨询委员会）和各种政府机构紧密合作，以改善各自辖区的自然环境和安全。

其功能一是促进居民之间的和睦、和谐与凝聚力；二是就居民的需求和愿望与政府当局联络并向其提出建议；三是传播信息并收集居民对政府政策和行动的反馈；四是在居民中促进良好的公民身份。

（10）居民网络

居民网络（Resident Network，RN）于2018年成立，以促进各个年龄段、种族和所有阶层的居民之间的社会融合。像RC和NC一样，RN促进了邻里和谐，增强了社会凝聚力，并充当了人民与政府之间的桥梁。通过与政府机构和社区合作伙伴紧密合作，RN可以帮助居民更好地了解彼此，寻求了解当地的需求、关注和愿望，以及帮助传达政府信息。

其功能一是促进指定地区公共和私人住宅区居民之间的睦邻关系、社会凝聚力；二是就指定区居民的需求和期望与政府当局联络并向其提出建议；三是传播指定区居民有关政府政策和行动的信息并通过渠道反馈；四是在指定区域的居民中促进良好的公民身份。

（11）居民网络委员会

随着RC理事会和NC理事会的合并，RN理事会于2019年4月1日成立，其作用是增强RC、NC和RN的参与能力，促进邻里关系并桥接居民和政府。该理事会由来自公共和私人房地产的志愿者组成，旨在促进一线基层组织（Grass Roots Organizing，GRO）之间的合作，以实现居民之间更好的社会融合。

RN理事会的职能，一是增强RC、NC和RN通过外展和参与计划促进邻里关系的能力；二是率先开展创新计划和创新举措，以在国家一级提高对RC、NC、RN的认识；三是建立跨选区的联系，以促进学习和最佳实践共享文化；四是共享不同RN之间常见问题的解决方案，并提供网络以帮助所有 RN 升级；五是促进 RC、NC、RN 与社区合作伙伴之间的合作，以实现居民之间更好的社会融合。

（12）妇女联合网络理事会

妇女联合网络（Women's Integration Network，WIN）理事会于 1995 年 3 月成立，由妇女执行委员会（Women's Executive Committee，WEC）的代表组成。理事会为 WEC 设定了方向，以激励更多的女性在社区中的领导和贡献（图 3-23）。WIN 理事会的任务，一是争取妇女加入基层组织；二是鼓励妇女担任政府总组织的领导职务；三是培养妇女在社会和社区中发挥积极作用。

图 3-23　新加坡妇女宣传图

资料来源：WIN 理事会，2016—2017 年妇女健康嘉年华［EB/QL］. https：//inx. com. sg/site/portfolio-item/win-council-health-carnival-2016-2017/，2021-03-20.

（三）嵌入式居住助推社会融合

新加坡约有 82%的居民居住在公共住房（组屋）中，约 94%的居民有自己的房产。新加坡的住房政策既保证了公民拥有“恒产”，避免了中低收入者因为购房而更加贫困化，又通过嵌入式居住有意识地将组屋区建设成社会融合与民族融合的平台，避免了城市住宅区的“异化”甚至“极化”。

一方面，在新加坡每个片区既有政府组屋区，也有私人公寓区。它们交错分布在同一个区块中，从而避免不同收入层次的居民在不同的区域扎堆居住，形成类似于很多国家那样泾渭分明的富人区和贫民窟。新加坡绝大部分居民居住于政府组屋中，各种社会服务都是围绕着组屋兴建的。嵌入式居住又可以发挥组屋住宅区公共设施的“空间溢出效应”，方便私人公寓的居民使用组屋区的各类服务，提高了公共基础设施的利用率。

另一方面，新加坡的公共住房政策规定，组屋区必须按照民族比例居住。每个社区华人的人口占比不超过84%，马来人不超过22%，印度人不超过10%；而每幢楼华人占比不超过87%，马来人不超过25%，印度人不超过13%。这一政策体现了多族群“嵌入式”居住的特点，为族群之间的沟通和了解创造了条件，减少了发生族群冲突的可能性。因此，地处族群异质化程度最高的新加坡是全球最和谐的国家之一。

第四节　社区建设经验总结

一、人本规划先行，法律制度保障

为适应人民对物质文化生活水平快速增长的迫切需要，新加坡政府对组屋的翻新设计与建设极为重视。作为多民族、多文化的国家，新加坡的基层管理多元且难以治理。好的规划可以显著有效地缓解社会矛盾冲突，例如新加坡的公共住房政策有一多族群“嵌入式”居住规定：组屋区必须按照民族比例居住，这为族群之间的沟通和了解创造了条件，有效降低了族群冲突的发生概率。此外，政府通过更新设备与设施来满足人民对居住环境多样化的需求，并且以前瞻性的理念全面对社区所有硬件设施进行科学配套和规划设计，使社交、生活环境更加符合人们对现代生活的高品位追求。

作为新加坡未来社区建设的基础，组屋建设具有坚实的法律保障。法律允许土地征用，使得组屋有地可建；法律稳定市场房价、公积金予以补助，使得居民有屋可购；法律限定单个居民购买房屋数量，使得房屋也卖得其所。从组屋建设到售卖再到二手市场交易，这一切的顺利进行离不开法律与政策的保证。

结合新加坡的经验，我国在进行未来社区建设时应该进行严谨的规划，并同时将居民多样性作为可调节量一并规划，尽可能创造友好和睦的邻里环境，为社区生活环境打下坚实基础。同时地方政策要先行更新，避免出现老旧政策与新社区建设改造方案难以平衡的问题，完善法律基础，为未来社区推进提供保障。

二、智慧科技助力，打造宜居环境

在社区建设的50年间，新加坡致力于为居民提供一个安全、舒适、便捷、现代化的社区环境。随着科技的高速发展，智慧科技越来越多地进入社区生活，例如，有电子车位监控系统的智慧停车场；根据环境变化进行自动调节的智慧风扇、灯等智能硬件。此外，为了让居民享受到更丰富便捷的社区生活，新加坡搭建了“一站式”服务端口和“一联通”系统，让居民通过线上平台平等地参与社区建设和社区组织活动。

结合新加坡社区建设经验，我国未来社区建设也融入了较多的智能科技，但相较而言，未来感、充足而宜居感略微欠缺。在将科技融入社区生活环境、治理环境等建设时，仍然要从居民的居住地这一角度出发，以实现宜居环境这一目标。

三、政府组织引导，居民内驱自治

居民作为社区的主体，最终也应该成为社区管理的主体。自治对于大部分尤其是多民族、多人口的国家地区来说，是较为理想的基层治理方法。新加坡社区建设中，逐渐形成了以“以人为本”为核心的建设理念体系，从个体到家庭、社区、社会逐级递增。与传统的从社会到个体逐层往下不同，新加坡的理念体系以居民为主体，通过激发居民自身的社会责任感、身份认同感等积极心理，让整个社区基层持续富有活力。

居民自治既能减轻政府负担，又能增强社区居民的身份认同和主人翁意识，有利于培养社区和谐互助的氛围。但对于充满活力的社区而言，正确有序的引导也同样至关重要。在基层治理过程中，政府应适当引导居民，为居民搭建一个较为完整的平台，全程作为自治引入社区的推手，引导社区进入一个良性循环，即调动居民参与社区正向发展建设，并以良好成果再次激发居民对社区生活、建设的热情与动力。

第四章　智能联动：日本社区建设理念与最佳实践

第一节　社区建设背景

一、人口和经济挑战

近几十年来，日本一直面临着巨大的人口挑战。一方面是出生率低，2019 年日本出生人数降至 86.523 万人，为有统计以来的史上新低，而 2019 年日本死亡人数为 138.1098 万人，创下“二战”结束以来最高纪录。死亡人数扣除出生人数，日本去年人口自然减少 51.5864 万人，连续 12 年刷新历史新高①，日本少子化现象日益严峻。另一方面是人口老龄化严重，日本正面临着比其他国家更老龄化的社会（图 4-1）。根据日本人口年度报告，截至 2018 年底，日本全国总人口为 12 478 万人，比上年减少 43 万人，下降 0.2%，总人口连续第十年下降；其中，65 岁及以上人口为 3561.1 万人，占总人口的比例为 28.4%，预计到 2025 年将超过 30%。事实上，日本已经迈入超高龄社会。随着日本老龄人口的快速增长、空巢家庭的增多、平均寿命的延长以及少子化的趋势[32]，养老不再仅是一个家庭的问题，而且已经演变为一个社会矛盾，严重阻碍了社会的发展。

此外，经济全球化还在继续，国际竞争日益激烈，财富集中和区域不平等等问题日益严重。日本在泡沫破灭后经济便一蹶不振，尽管 21 世纪初期整体经济有回温现象，但经济增长多数是来源于企业的资方获利，依旧

---

① 《首次不足 90 万人！2019 年日本出生人数降至史上最低》，搜狐网。

图 4-1　日本老人并排孤单行走

资料来源：日媒公开一项关键数据，给世界各国敲响警钟，联合国：必须警惕［EB/QL］. https：//www. 163. com/dy/article/FNL230AK051593PM. html，2021-03-22.

没有彻底摆脱经济低迷的困境。受到外因内因影响，日本 2019 年的 GDP 总量约为 5. 21 万亿美元①，虽然在世界排名中仅次于美国和中国，但 2019 年第四季度日本实际国内生产总值（GDP）环比萎缩 6. 3%，创 2014 年三季度以来最低，也是日本经济五个季度以来首次下滑。受疫情影响，日本 2020 年的经济形势不容乐观②。

在出生率下降和人口老龄化对国内社会影响日益明显的情况下，面临国际竞争的日本，为了缓解国内矛盾，为人口和经济发展提供较好的基础，开始在实现居民便捷生活的数字化社会，在社会生活和生产各个领域扩大系统化的合作，形成健康长寿的宜居智能化社会上下功夫。

二、社会发展的需求

自 20 世纪 90 年代金融和财产泡沫破裂以来，日本一直面临经济放缓、部分生产设施空心化、人口老龄化以及与其他国家特别是亚洲地区国家经济和技术竞争加剧的问题。这些问题给日本带来了严重的社会矛盾，阻碍了日本社会的发展。为此，日本政府提出集中精力制定科学、技术和创新政策，并增加这方面的公共支出，将其作为长期支持经济增长战略的一部分，这也

① 《全球三大经济体：中国、美国、日本，2019 年 GDP 对比》，新浪财经。
② 《日本经济 2019 四季度萎缩 6. 3%受消费税影响?》，至诚财经。

是日本从1996年开始每五年制订一个科学技术基本计划的原因。这些计划系统性地规划了未来一段时间日本总体的资金投入以及研发目标。

《第一个科学和技术基本计划》（1996—2000年）提出了大力促进“国家新的研发系统”的目标。这一目标主要是通过扩大现有的研究机构来实现的。《第二个科学和技术基本计划》（2001—2005年）继续扩大相关内容，竞争性资金增加了一倍，对基础研究的承诺得到加强，其中包括了社会目标，例如改善社会和科学之间的交流。从政策的角度来看，《第二个科学和技术基本计划》（2001—2005年）提供了一个了解技术和社会变革的愿景。愿景中对有限数量的研究领域和学科进行优先排序，优先考虑可以促进解决国家和社会矛盾的课题研究。在实践中，政府鼓励四个优先领域：生命科学（包括生物技术）、信息技术、环境科学和纳米技术以及新材料。《第三个科学和技术基本计划》（2006—2010年）的设计反映了日本需要建立一个更倾向于帮助科学家取得高质量研究成果的环境，培养高度竞争的研究环境，并在不断促进创新的同时推进科学发展。《第四个科学和技术基本计划》（2011—2015年）为以问题为导向的创新战略制定奠定了基础。该战略利用科技和创新应对社会和经济挑战。科学和技术委员会在第五个基本计划中正式引入并创造了“社会5.0”一词，并于2016年1月经内阁决定批准①。

社会5.0指通过让网络空间与物理空间高度融合在一起，排除地区、年龄、性别、语言等方面的差别，细致地应对人们多样化、潜在的需求，应对社会问题并实现经济的发展，让人们过上舒适、充满活力、高质量的生活，是以人类为中心的社会②。日本力图通过社会5.0的建设，缓解国内矛盾，解放国内生产力，实现经济新的增长。

三、未来社区政策的鼓励

2020年根据国际形势和日本社会最新状态，日本政府在《集成创新战略2020》中对未来社会提出了主要目标和要求。首先，该战略提到要推动形成生态系统枢纽城市，实现智慧城市（社会5.0）（图4-2）并走向国际。在展望未来的5.0社会中，日本政府认为，为了灵活应对今后社会的

① Rene Carraz 和 Yuko Harayama，《日本的创新系统在十字路口：社会5.0》。

② 《第五期科学和技术基本计划》。

变化，培养出庞大的具有数据分析活用能力、较高的综合素质和深厚专业的人才群体是极其重要的。其注重一边考虑教育的持续性和普遍性，一边考虑今后新的基础知识的教育改革，从而培养出适应社会 5.0 时代的创新人才，提高在社会各领域发挥作用的科学技术创新人才的质量。日本政府对未来社区的考量与支持促进了未来社区的形成与发展，其政策极大地鼓舞了从事该领域的行业人员。

图 4-2　日本智慧城市

资料来源：丰田编织城市广场节［EB/QL］. https：//pressroom. toyota. com/image/toyota-woven-city-plaza-festival/，2021-03-22.

其次，日本在战略中提出与世界合作，在国内实现智慧城市的同时，也将此概念运用到世界各地。在世界上的各个国家，城市人口密集、资源消耗过度、温室气体排放等问题严重阻碍了其正常发展，在能源、环境、交通、健康、医疗、教育、自然灾害等方面的问题也愈发突出，对此各国提出了各种各样的智慧城市的构想。日本积极推广其智慧城市的概念，以解决各国城市问题为目标，希望与各国智慧城市建立数据合作基础，分享城市的信息和成功案例，使城市之间的数据协作和架构得到共通，最终形成全球智慧城市联盟联合体。2019 年末新冠疫情的发生，对社会经济功能的数字化和强韧化提出了新的要求，包括实现和推广在线诊疗和远程教育等技术。日本政府希望将此进行推广，改变后疫情时代的社会生活方式，让生活更加安全化、数字化①。

① 《集成创新战略 2020》。

第二节 社区建设理念

一、超智能社会 5.0

2013 年，德国提出了基于物联网的“工业 4.0”，在此基础上，日本于 2016 年提出了一个新术语“社会 5.0”（Society 5.0），它出现在日本内阁为期五年的《第五期科学技术基本计划》中，同年 5 月底颁布的《科学技术创新战略 2016》作出了进一步阐释，其主要目的是最大限度应用信息通信技术（Information and Communications Technology，ICT），通过网络空间与物理空间高度融合，给人类带来富裕的“超智能社会”。“社会 5.0”已成为日本政府科学技术政策倡导的基本指南，也是社会追求的基本目标。[①] 日本希望利用最新技术来应对现代社会面临的各种挑战与矛盾，目的是成为世界上第一个面临挑战问题的国家，提供一个未来社会的范本，并利用日本自身优势，使这样的社会成为可能。

社会 5.0 是一个以人类为中心的社会，在这个社会中，任何人都可以享受充满活力的高质量生活。它是继狩猎社会（1.0）、农业社会（2.0）、工业社会（3.0）和信息社会（4.0）之后形成的“超智能社会”（5.0）。它的一个定义是：在必要的时候，向必要的人提供必要的东西和服务，能够细致地应对社会的各种需求，所有人都能接受高质量的服务，克服年龄、性别、地区、语言等各种差异，能够享受舒适生活的社会[②]（图 4-3）。

物联网（Internet of Things，IoT）、大数据、人工智能和机器人将成为实现“5.0 社会”的基础。在社会 5.0 中，在网络空间中利用物联网平台在各个领域进行数据收集，形成大数据，这种大数据通过人工智能（Artificial Intelligence，AI）进行分析，并以各种形式将分析结果反馈给人类所在的物理空间中。机器人参与到人们的日常生活中，将人们从日常的事务

---

① 周利敏、钟海欣，《社会 5.0、超智能社会及未来图景》。

② 《society5.0》。

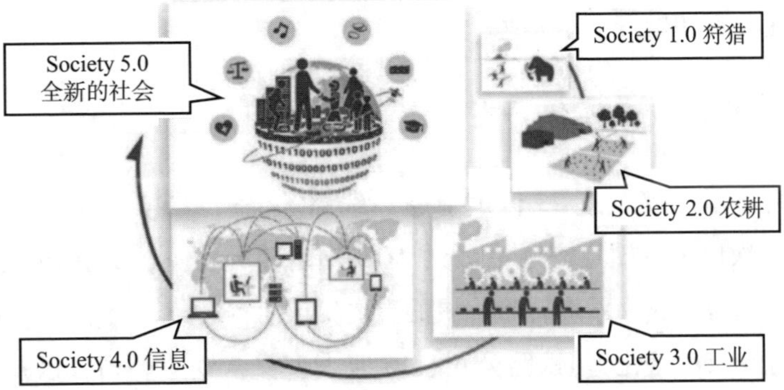

图 4-3　“社会 5.0”概念

资料来源：日本内阁办公室（Cabinet Office）. 什么是社会 5.0?［EB/QL］. https：//www8. cao. go. jp/cstp/english/society5_ 0/index. html，2021-03-22.

中解放出来，只做必要的事务。所有人的生活将更加舒适和可持续，因为人们只得到所需数量和时间的产品和服务。日本力求使社会 5.0 成为现实，成为一个将这些新技术纳入所有行业和社会活动的新社会，同时实现经济发展，解决社会问题。

此外，与政府社会 5.0 合作的日本日立公司也描绘出未来社会 5.0 的蓝图。

在健康、医疗和护理方面，5.0 社会通过利用积累的医疗数据和实时获取的健康数据，实现疾病的早期发现和治疗的最优化。这样，每个人都能过上健康、高质量的生活。

在移动方面，自动驾驶的普及大大减少了交通堵塞和交通事故。无人驾驶的自动驾驶汽车可以根据人们的生活方式接送他们，并将人和行李顺利、安全地送达目的地。

在制造业方面，根据人们的日常生活和嗜好，只生产必要的东西，在必要的时候就能到达，可以制作出没有浪费的东西。

在基础设施和城市建设方面，通过在道路、建筑物上安装传感器，可以实时掌握状态，保障街道的安全。在发生灾难时，无人机和机器人在确定和估计危险地点后，将人们引导到安全地点。

最后在金融方面，随着生物信息认证技术的普及，在世界任何地方都可以使用无现金、无汽车购物。通过对照个人的行为记录，可以马上进行信贷，使投资和融资变得熟悉①。

二、城站人一体化开发

资料显示，仅东京 23 区就有轨道线路 42 条、2246 公里，日均客流 1600 万人次以上，轨道交通沿线的 TOD 项目随处可见，为区域经济发展注入了新活力，成为城市转型发展的重要支撑。据介绍，目前日本 TOD 领域主要有 6 家民营化 JR 铁路公司、16 家大型民营铁路公司，以及三井不动产、三菱地所等房地产商。根据选址和轨道交通车站形式的不同，日本的 TOD 模式（即站城一体化）开发又可分为两种开发模式：一是以枢纽站为中心的集聚式开发模式，二是与轨道交通同步建设的沿线型开发模式（图 4-4）。

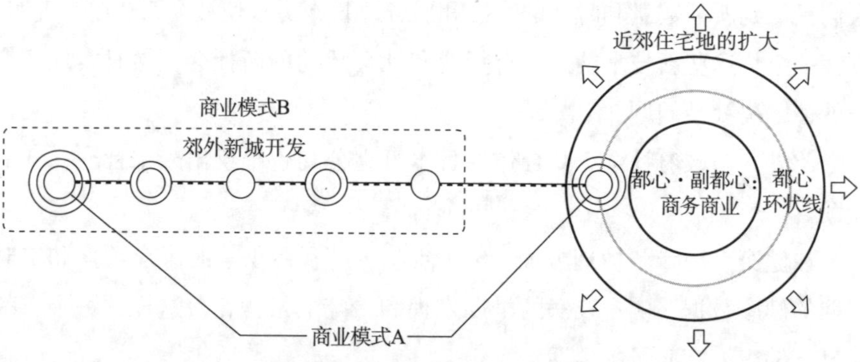

图 4-4　站城一体化两种模式

资料来源：日建设计站城一体开发研究会．站城一体开发——新一代公共交通指向型城市建设［M］．北京：中国建筑工业出版社，2014.

查阅日本 TOD 项目案例，大都是以类似的理念进行开发和规划的。首先是充分利用空间价值，打造舒适的步行网络，一是建立多层立体步行网络，二是加强轨道交通与更大范围城市空间的连接与融合。其次是在功能布局上更加注重城市的综合性功能。交通枢纽不仅是集散和运输中心，也

① 《日立公司试图打造的社会 5.0》。

是集居住、商业、娱乐和公共空间于一体的综合性区块。

TOD 模式是未来城市更新，面对交通拥堵和用地紧缺时的一种好的选择。它可以很好地协调城市用地规划和城市交通规划以改善交通拥堵，实现资源高效利用，推动新经济增长（图 4-5）。

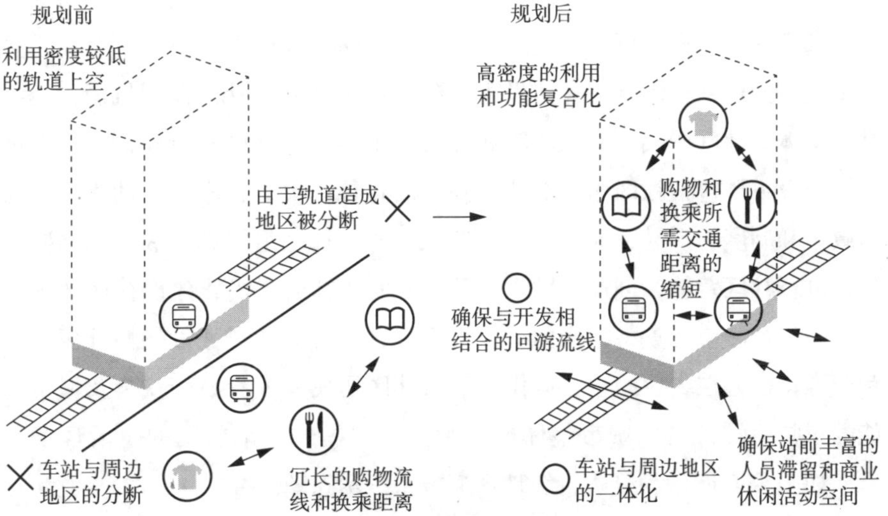

图 4-5 以枢纽站为中心的聚集式开发模式概念图

资料来源：日建设计站城一体开发研究会．站城一体开发——新一代公共交通指向型城市建设［M］．北京：中国建筑工业出版社，2014.

三、韧性社区建设

20 世纪 70 年代，韧性理念开始出现在材料科学领域；20 世纪 80 年代韧性理念被应用到灾害管理中，以探讨灾害的成因，部分研究将其译为“脆弱度”；20 世纪 90 年代，韧性理念首次被引入到城市规划领域，以应对灾害及灾后的重建问题；21 世纪关于韧性理论的研究中出现了生态韧性、社会韧性、韧性城市和韧性社区等课题。

所谓韧性社区，就是要具备社区韧性。社区韧性是指一个社区面对经常性的灾害或在突发灾害后，能建立、维持或重获一个预期的功能的范围，且这一功能的运作效果与灾害发生前相同或有所提升。韧性社区包含硬性和软性两个层面的内容，具体包括社区的社会韧性、环境韧性、制度韧性和个体韧性四个方面，其建设思路按照灾害管理系统中准备、应变、恢复和减灾的循环优势预防模式，从硬件设施的建设与配置、软性环境的韧性提升着手，完成社区灾前预防准备、灾时应急和灾后有序重建三个阶段的工作。其中，社会韧性建设主要包括应对社区老龄化等社会问题，在社区引入年轻人群，提升社区自救能力等；环境韧性建设主要包括防灾空间、逃生路线、避难据点、应变管理中心和防灾设施的建设，以及灾后防灾型住宅的规划；制度韧性建设主要包括构建多元的社区建设机制，鼓励社区团体、社区居民、专家团队和社会组织参与到社区营造建设中；个体韧性建设主要包括社区居民对防灾知识的宣传和灾后自救能力的提升。通过政策和制度的引导，促进政府、专家团队、社区组织和社区居民共同合作，进行社区营造，创造自助、互助、公助的社会风尚，建设社区救灾空间，完善社区应对灾害的能力，以提升社区韧性。通过建设韧性社区，有利于维持社区在灾后的正常运作，确保社区居民的人身财产安全及城市功能的正常运转，实现城市整体的永续发展，提升城市居民的生活环境品质。如图 4-6 所示为日本晋级地震速报系统示意图。

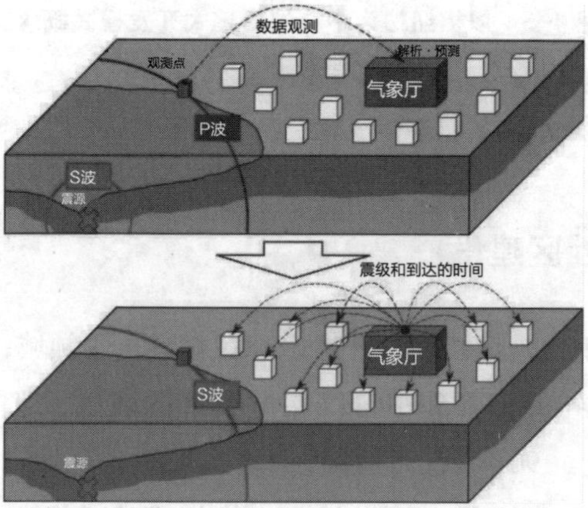

图 4-6　日本晋级地震速报系统示意

资料来源：孙丽．防灾减灾日①丨专家：预测地震要有密集观测点，间距十几千米［EB/QL］. https：//www. thepaper. cn/newsDetail_ forward_ 7363329，2021-03-22.

日本应对灾害和建设韧性社区的经验是从频繁的大规模自然灾害应对中汲取的。在经历了各大灾害后，日本不断完善应对灾害的政策和法律，并制订了相关的防灾计划。日本的防灾建设经历了灾后应急基本法制建设、灾害预防体制建设、全面提升社会韧性三个阶段，其建设重点也经历了从政策控制到政策引导，从政府主导到多元参与，从环境强化到韧性社区的转变。随着韧性社区建设实践的不断丰富，韧性社区概念逐渐成熟[33]。

第三节　社区建设最佳实践

一、丰田 BIG 共铸编织之城

由日本丰田汽车公司和 BIG 建筑事务所打造的编织之城是以人工智能和分级交通为主导的“未来原型城市”，该城市把太阳能、地热能和氢燃料电池技术等投入利用，从而构建一个碳中和的社会。该项目坐落于静冈县裾野市一片占地 175 英亩（约 70.8 万平方米）的工厂旧址，通过实现互联、清洁和共享出行的承诺，来达到不同交通工具、出行方式、人与自然之间的平衡。其鸟瞰图如图 4-7 所示。

图 4-7　编织之城鸟瞰图

资料来源：TWC-丰田编织城［EB/QL］. https：//big. dk/#projects-twc，2021-03-22.

该项目最大的特点就是将传统的街道按移动速度进行分级，分为机动车道、非机动车道、人行道，实现更安全的、行人友好型的人车关系。三种街道形成3×3的纵横交错的城市街区，编织型的街道可以根据需要进行不同程度的扩展和收缩，以适应各种规模的区块和室外场景①。道路变化示意如图4-8所示。

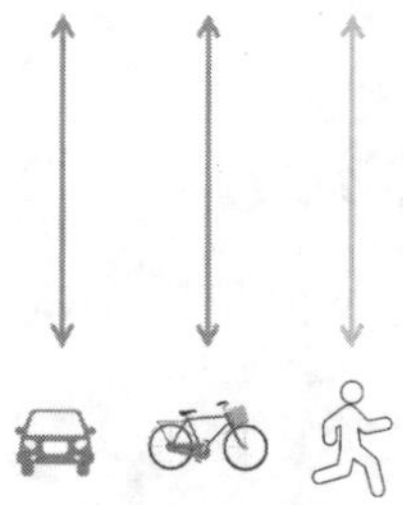

（a）三条独立不同的街道

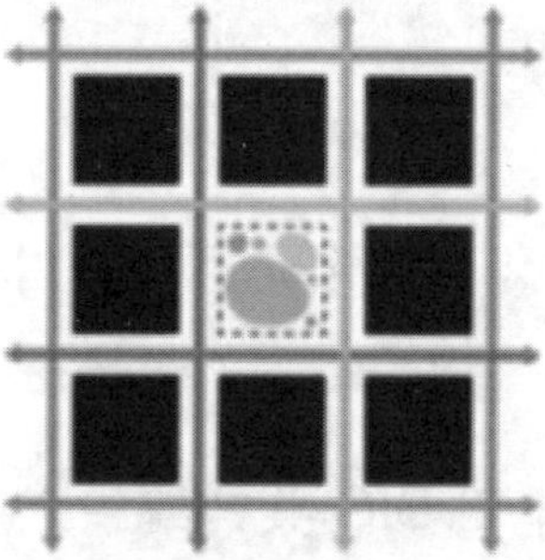

（b）3×3编织街区

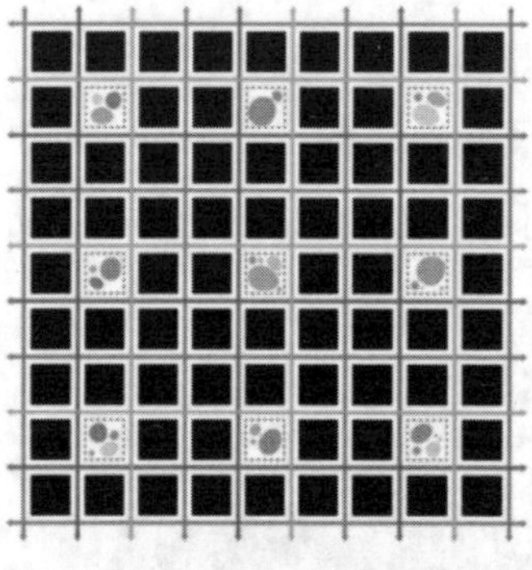

（c）编织城市交通网络

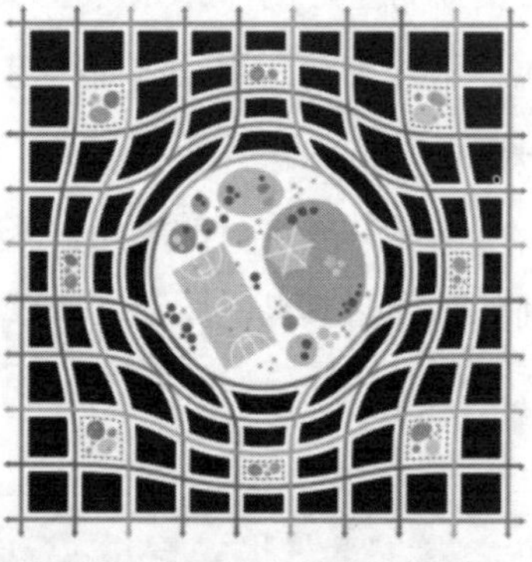

（d）道路弯曲编织而成的网格城市

图4-8　道路变化示意

资料来源：TWC-丰田编织城［EB/QL］. https：//big. dk/#projects-twc，2021-03-22.

编织之城里的生活体现着自然与技术的交织，丰田公司也在此项目中融入自己的理念与新技术，例如广泛使用的自动化技术，包括：自动驾驶汽车、自动交付机器人，以及散落在城中各个角落的用于步行街区的各类电动车，解放了居民的日常体力走动②。

---

① https：//big. dk/#projects-twc.

② 丰田，《丰田在CES2020提供进入编织城市的沉浸体验》。

编织之城同时也融入了人工智能技术。人工智能包含智能家居、自动驾驶等，还有每个房屋建筑都配备相应的传感器，连成一个城市数据操作系统，通过这个系统将人、建筑物、车辆全部连接在一起，在人们出行之时，AI会智能分析人们所处环境的状况，并通过系统操控自动驾驶车辆的行驶状态，保证了人车分流，使人们的出行更加安全。

此外，这座城市采取了许多可持续发展的措施，如在建材上使用木材，将日本细木工与机器生产结合；通过在屋顶覆盖光电板来产生太阳能。这些措施将减少城市的碳排放，促进可持续发展[26]。

编织之城为社区未来道路更加安全地发展提供了一个思路，通过道路分级和道路编制成网格的设计，使车辆与行人之间的关系更加友好与安全。利用各种可再生能源，实现社区碳中和，实现环境的可持续发展。再加上利用丰田公司提供的人工智能和自动化技术，使得整个城市居民生活变得更加高效与舒适。该项目的经验成果值得人车关系不友好的城市或社区借鉴。

二、TOD 模式下的东京涩谷

涩谷（Shibuya）位于日本东京都，JR 山手线、JR 琦京线、JR 湘南线、东急田园都市线、东急东横线、京王井头线、地铁银座线、地铁半藏门线、地铁副都心线这 9 条线路在这里交汇，每天的换乘人数超过 300 万人次。涩谷站是东京圈仅次于新宿站的第二大交通枢纽，是 TOD 模式中典型的以枢纽站为中心的集聚式开发模式成果。

由东急设计（地铁换乘、地下空间、商业）和日建设计（剧院、办公）合作设计的涩谷之光项目是涩谷首个城市更新项目。涩谷之光集合东急地铁车站、商业设施、餐饮、剧场、办公等各种功能，堆积形成“立体城市”。地下空间和地面之间由地下地上空间一体化的“城市核心”进行垂直连接，是集商业、办公和公共配套为一体的 TOD 综合体。物业形态涵盖商业、文化设施、办公，物业形态分布为 B3-5F 商业、6F-7F 餐厅、咖啡厅、8F 公共空间、9F 展厅、11F 空中大堂、13F-16F 剧院、17F-34F 办公空间。该项目获得了 2012 年 GOOD DESIGN 建筑奖及 2012 年铁道协会奖及 2012 年节能·照明奖商业酒店部门最高奖。

由于复杂的城市需求和有限的城市空间，涩谷之光选择了竖向复合叠加城市功能的模式，引入了城市公共空间，以电梯和垂直交通取代了传统街道交通，其目标人群定位于 30 岁左右的创意、IT 人群，为了增加目的性消费者，还引入了百老汇和多功能的生活空间来丰富区域业态和消费结构。同时通过分散设置公共开放空间，设置独栋、亭阁等建筑，营造了多首层、高价值的垂直空间。建筑外立面采用折边设计，通过绿化分节的内外衔接，形成柔软的脚边建筑，体现人性化尺度，打造了区域内标志性建筑物（图 4-9）。

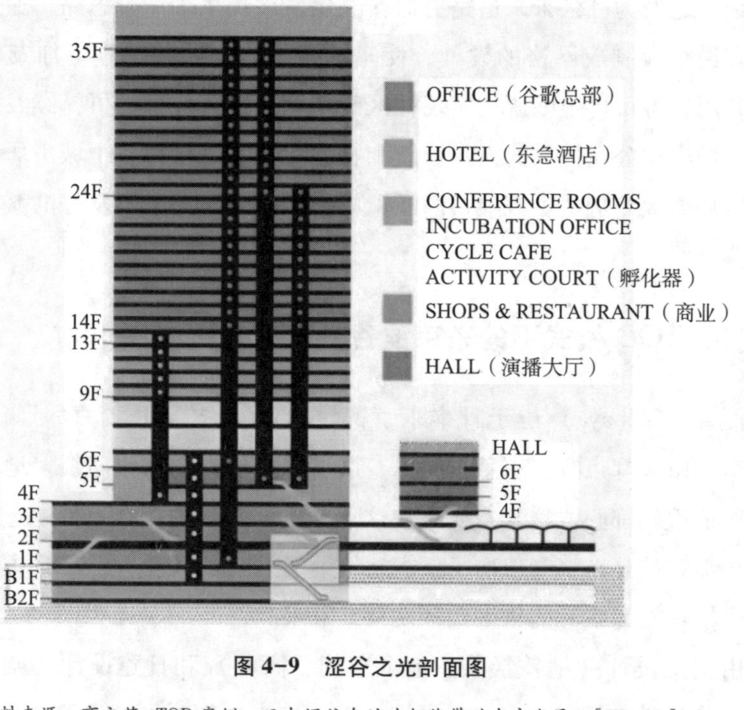

图 4-9　涩谷之光剖面图

资料来源：商文芳 . TOD 案例：日本涩谷车站为何能带动东京发展？[EB/QL]. http：//urbanchina. hangzhou. com. cn/content/content_ 7150167. html，2021-03-22.

涩谷站的周边都在发展着 TOD 综合体大厦，在 2027 年将会形成如图 4-10和图 4-11 所示的场景。其中，从左到右依次为涩谷之光、涩谷站大厦、涩谷南街区栋 STREAM、涩谷站樱丘口、东急蓝塔大厦、道玄坂街区大厦、涩谷标记（Mark City）、涩谷十字路口。此外，涩谷站在满足 9 条线路日常运营的同时进行开发和施工，逐步将地上的交通功能转移到地下，地上建设超高层，实现多层次的地上地下一体化空间立体开发，缩短各条线路和公交线路的换乘间距，实现无障碍换乘[19]。

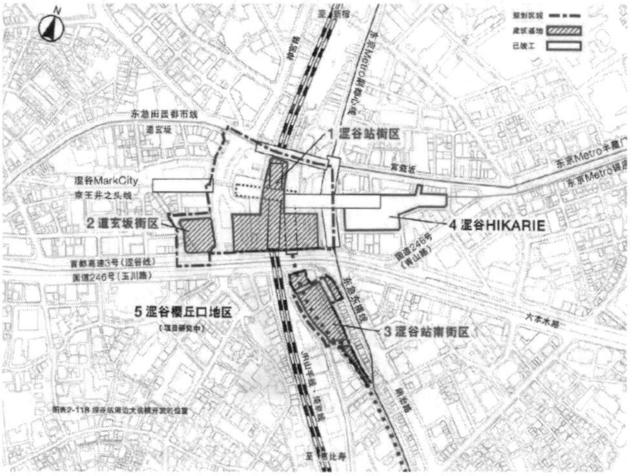

图 4-10　涩谷站周边开发范围

资料来源：商文芳 . TOD 案例：日本涩谷车站为何能带动东京发展？［EB/QL］. http：//urbanchina. hangzhou. com. cn/content/content_ 7150167. html，2021-03-22.

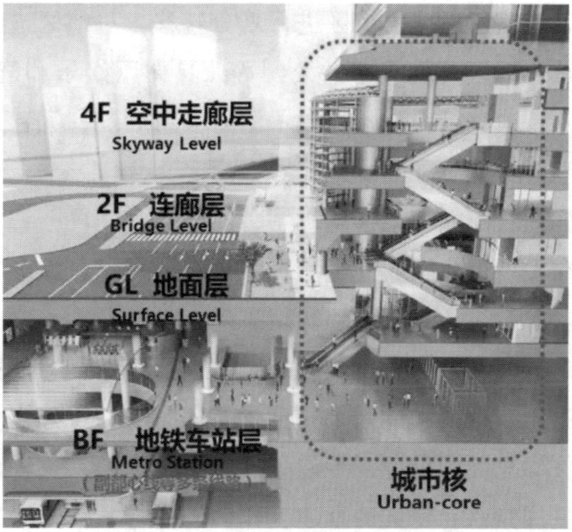

图 4-11　涩谷站立体的空间步行网络

资料来源：商文芳 . TOD 案例：日本涩谷车站为何能带动东京发展？［EB/QL］. http：//urbanchina. hangzhou. com. cn/content/content_ 7150167. html，2021-03-22.

TOD 模式下的东京涩谷，将传统街道改为垂直交通和电梯的形式，大大节省了城市空间，同时致力于打造商业、娱乐、公共空间等一体化的竖向复合城市空间。这样的设计突破了传统街区设置，引入了新的交通和城市公共空间规划，解决了城市交通拥堵的通病，给未来城市更新改造提供了新的思路。

三、六甲道车站北地区灾后重建

六甲道车站北地区是“阪神大地震”灾后的一个重建单元。该区域老旧木屋密集，商业设施集中，开放避难空间不足。“阪神大地震”导致了该地区的土壤液化，70%的建筑被损毁，地震后的火灾导致受灾状况更加严重，约有 60 人遇难，所以该区块对灾后重建如何完善基础设施、如何加强社区防灾减灾能力、如何提升社区居民灾中自救能力进行探讨，从而利用了韧性社区这一理念[24]。

六甲道车站北地区从韧性社区的四个方面出发，对地区进行灾后重建。一是环境韧性：实行“土地区划”政策，开辟防灾公共空间。“土地区划”政策的具体操作流程是：首先梳理并确认现状土地权属；其次对既有片区城市规划道路所形成的街区进行划分转移，对地区进行了系统的规划。六甲道车站北地区开辟出来的公园等兼具休闲娱乐和避灾场所功能，同时对车道的人行道进行拆分，疏通了消防应急通道，完善了地区范围内的救灾医疗、消防等基础配套设施。

二是制度韧性：建立多元参与机制，促进“官学民”三方合作。六甲道车站北地区在灾后重建中成立了居民、政府及专家三方参与的六甲道车站北地区社区营造联合协议会，开创了“官学民”三方合作的模式（图 4–12）。在这一模式中，社区居民作为社区发展协议会主体参与社区发展计划；政府出台政策和计划等补助支持，为灾后重建提供支援；专家与民间团体协作参与灾后重建，并设立社区咨询中心。这种合作方式使三者之间的联系更加紧密，使灾后重建工作顺利进行，提升了民众进行社区自我营造的能力，培养了统筹社区发展的人才。

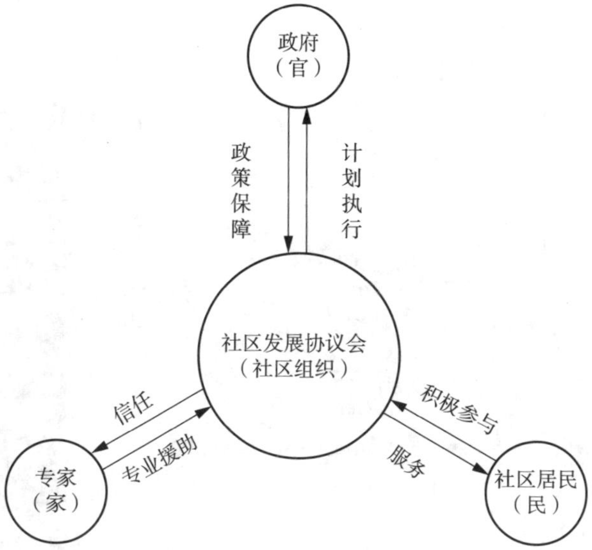

图 4-12 “官学民”三方合作关系示意图

资料来源：梁宏飞．日本韧性社区营造经验及启示——以神户六甲道车站北地区灾后重建为例［J］．规划师，2017，33（8）：38-43.

三是个体韧性：注重灾害管理教育，提升民众防灾自救能力。积极培养学生防灾避灾意识，编制避灾学生手册，同时指导中小学开展防灾教育活动。在社区进行防灾主题宣传日活动，积极引导居民参与，提高其防灾意识和自救意识。

四是社会韧性：引入社会住宅，组织社区居民参与社区建设。社区的社会韧性表现在社区年龄结构的稳定和社区居民之间的关系密切两方面。社区优先引进青年人员，有效减轻人口老龄化，同时鼓励社区居民积极投身社区建设和维护，提升居民责任感，加强与社区之间的联系[25]。

政府利用韧性社区理念，对六甲道车站北地区进行灾后重建，从硬件设施的建设与配置、软性环境的韧性提升着手，完成社区灾前预防准备、灾时应急和灾后有序重建三个阶段的建设工作，形成一个完备的社区防灾自救应急系统。对于经常发生自然灾害的地区，韧性社区理念的应用很有必要，可以有效地减少灾中损失，同时提高社区居民的居住安全性。六甲道车站北地区的灾后重建，给日本甚至国际提供了一个韧性社区理念的实践案例，各地区可从中吸取经验，总结出适合自身的韧性社区模式（图 4-13）。

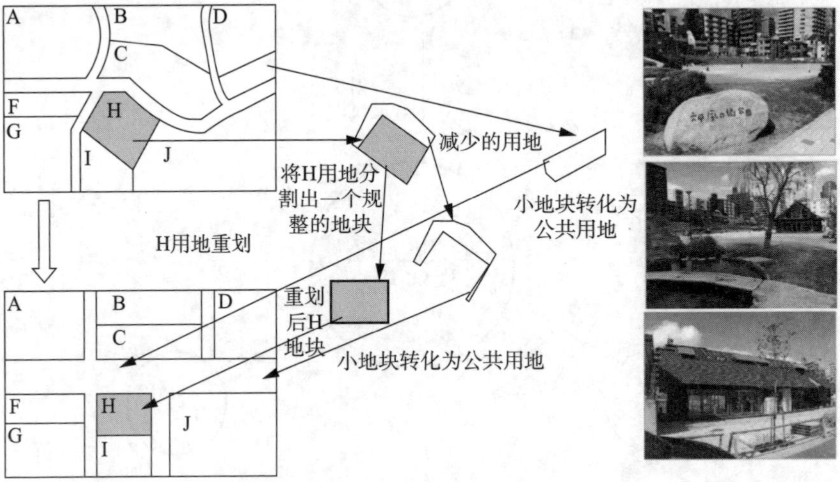

图 4-13　土地区划方式示意图

资料来源：梁宏飞．日本韧性社区营造经验及启示——以神户六甲道车站北地区灾后重建为例［J］．规划师，2017，33（8）：38-43.

第四节　社区建设经验总结

面对城市中的各种空间用地矛盾、交通规划不合理以及人口老龄化等问题，未来社区是许多国家要走的一条创新之路。日本未来社区理念的提出和案例项目的落地，给未来社区的建设和城市更新改造提供了几种可能，其经验值得我们探索和学习。

一、驱动智能创新，助推社会发展

日本提出的社会 5.0 理念中，充分利用了人工智能、物联网等技术，将网络与现实紧密连接在一起，这使人们能更加高效准确地得到所需信息，同时做到了信息实时更新，给居民带来了更好的服务。社会 5.0 理念的应用，将会使日本逐渐克服年龄、性别、地区、语言等各种差异，在为居民提供便利生活的同时解决了日本经济和社会问题。但是，在社会 5.0 中，由于网络空间和现实世界高度融合，如果不法分子进行网络攻击，可能会给现实世界带来严重的破坏，对国民生活和经济社会活动会产生重大的阻碍。因此，日本的国家和企业在此方面应深入研究探索，创新发展，在保持网络空间和现实空间紧密联系的同时提升两者的安全性。总体来看，社会 5.0 构建的日本未来社会以高度的网络化、信息化技术为支撑，在注重满足人民更美好生活方式需求的同时，也强调激发创新能力，借助数据流通和融合应用催生出社会新服务，创造出新价值[34]。

在疫情之下，日本政府积极推动数字医疗服务、数字政府、无现金支付以及远程网络等领域的发展，这些都属于社会 5.0 的政策范畴。日本民众为了避免接触和生活方便，逐渐开始接受社会 5.0 中的这些数字化、信息化功能，日本政府的推广取得了不小的成果。日本政府应借机继续发展创新，将社会 5.0 这一政策概念进一步推广开来。

二、站城一体化开发，立体可持续发展

TOD 模式的开发利用，为世界提供了一种解决交通拥堵和城市空间充分利用的方案。东京涩谷 TOD 模式的亮点就是利用了垂直交通，去除传统街道模式，使一幢在站点上的大厦成为一个集多种功能于一体的复合 TOD 综合体，同时利用地下空间，形成地下多层立体交通，通过电梯和扶梯连接地上地下，形成一体。这样的模式能够解决城市中存在的许多交通问题，也使人们从一个站点到另外一个站点更加方便快捷，同时也充分利用了城市空间。日本 TOD 模式实现了城市空间的可持续发展，提供了“站城一体化”的开发模式，值得其他国家借鉴。

日本政府应将 TOD 模式运用到更多的城市和地区，解决城市矛盾，加快构建车站和城市一体化网络。在东京，居民可以乘坐轨道交通方便地到达城区的任何目的地，并且从地铁口就能直达办公大楼和商业中心。那么在政府的有效引导和支持下，未来更多城市的居民可以乘坐地铁直达目的地。此外，日本未来站城一体化开发，不仅仅局限于枢纽车站与周边区域的开发，而是同步整合“人的因素”，结合多种模式，进行轨道交通沿线

居住区及商业区的整体规划与开发，最终形成“站城人”一体化开发模式。

三、提高社区韧性，加强应急管理

韧性社区是未来灾难多发地区的一个发展方向。韧性社区理念下的社区会有较低的易损性，即灾害不易对社区造成破坏，以及社区具有较高的可恢复性，即灾害发生后社区易恢复或修复。这样的理念下所设计的社区会让受灾社区得到快速恢复，同时减轻各方面的损失。居民高度参与社区治理，政府积极支持和引导，将社区整合成一个良好的循环体系，使社区能够快速灵活地应对危机，并且能够从危机中迅速恢复。但建立韧性社区需要政府支持，同时需要空地来建立各个逃生和避灾场所，那么就必将减少居民生活空间，这需要居民高度的配合与理解，也是政府需要去深入解决的。政府提倡增强社区韧性，建立规范韧性社区，可以有效提高社区应急管理能力。

同时政府也可以提出在韧性社区中融入社会 5.0 的理念，使整个社区的防灾自救系统更加数字化、智能化，且能够实时获取最新的灾情信息。社会 5.0 构想中提出，要构建灾害信息协作系统，在灾害发生后，收集受灾情况等各方面数据，以超越区域、机构、组织的形式进行共享，做出迅速反应。在平时，社区要将数字化技术灵活运用于基础设施维护管理中，有效处理设施老化问题。在灾害和事故发生时，首要的是能够维持和尽快恢复水电管道设施，保障灾区的通水通电。韧性社区与社会 5.0 的结合，使其更加完善化、系统化和智能化，那么未来在遇到灾害时就能更快得出解决和急救方案，减少损失。

第五章　绿色和谐：中国香港社区建设理念与最佳实践

第一节　社区发展背景

一、社区现代化需求

香港对外开放时间早于内地，其各方面的繁荣与发展得益于自 1843 年开始实行的自由贸易港政策。在逾越百年的发展建设中，香港凭借贸易自由政策，发展了相对完善的市场经济，取得了举世瞩目的成就，到 20 世纪 80 年代，香港一举成为国际性金融中心（图 5-1）。回顾其发展历程，香港能有今天繁荣的经济状况，其各项现代化社会配套事业的发展与辅助功不可没，包括各项交通、养老、绿色环保以及住宅保障等各个方面。

图 5-1　香港现代化场景

资料来源：https：//www. photophoto. cn/tupian/fanhuachengshidadushiyejingtupian-11695756. html，2020-03-23.

香港拥有得天独厚的地理环境和绝无仅有的发展机遇，其位于亚洲交通要道，是天然的战争避风港。清末以来的历次战争期间，都有大批人口流入香港，一方面一次又一次推动了香港地区经济的发展，另一方面也让香港产生了大量的社会矛盾和管理冲突。在经济腾飞、社会各领域迅速发展的时期，香港需要一个稳定的社会环境为各方的发展提供有力的保障和支持。尽管长久以来香港特区政府对社会事务的管理一直处于主导地位，但同时也有许多公益组织、社会组织辅助政府管理事务。因此，香港特区政府同社会居民、社会团体、志愿组织和福利组织等之间的关系需要各方共同协调合作。随着时间的流逝，香港会一直往现代化建设的目标前进，但这需要社会各方的共同努力。

在早期英国殖民时代，港英政府实际上很少关注社区事务，与基层的市民与团体也很少有联系。直到 20 世纪 60 年代中期，香港爆发了多起大规模暴动，港英政府才认识到政府与居民之间沟通的重要性，并开始推出一系列基层建设措施[35]；与此同时，香港在实现工业化和现代化的过程中，也逐步建立起由政府主导的社区和各项社会福利服务体系，以驱动社会发展。

直到 20 世纪 60 年代末，我国香港开始社区建设，借鉴发达国家的先进经验，同时在“一国两制”的政策支持下，经过几十年的摸索和实践，形成了一套东西方结合较为完善的社区管理模式，如良好的社区建设机制、高素质的社工队伍、发达的民间服务组织和全方位的社区服务等，最终在社区建设方面取得了一定的成就。

二、社会老龄化

香港是老年人口比例最高的地区，也是人均寿命最靠前的地区。如图 5-2 所示，香港 60 岁及以上人口占总人口数量的比重从 2013 年的 20. 8%增长到 2020 年的 27. 2%，老龄化趋势越来越严重。此外，根据香港特区政府统计处数据，2015 年香港 65 岁（香港退休年龄）以上老年人口已达到 94 万人，占总人口的 13%，即每七个香港居民中就有一个老年人。到 2033 年这一数字将达到 200 万人，占总人口的 25%。到 2040 年老龄化高峰到来时，将达到 255 万人，占总人口的 30%，即三个香港居民中就有一个老年人。就目前而言，社会老龄化已经严重影响到香港的经济发展。

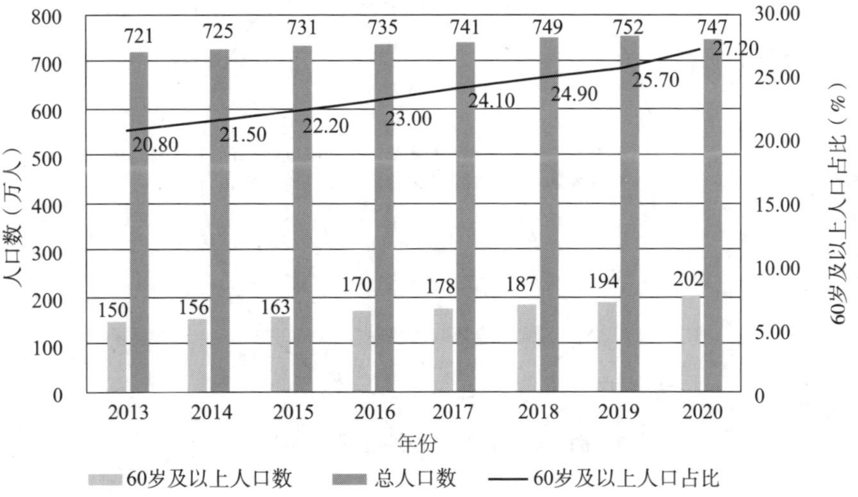

图 5-2　香港 2013—2020 年老龄化人口数及占总人口比重

资料来源：香港特区政府统计处．按性别及年龄组别划分的人口［EB/QL］. https：//www. censtatd. gov. hk/sc/web_ table. html？ id＝1A，2021-03-23.

为应对社区老年人口过多而造成的一系列问题，20 世纪 70 年代，香港就推出了“长者社区照顾制度”，以社区为依托，为老年人的活动、出行和生活等各个方面提供就近养老服务，形成了比较成熟的发展模式。同时社会福利署负责执行政府的社会福利政策，并统筹和发展香港的社会福利服务，包括社会保障、安老服务、家庭及儿童福利服务、医务社会服务、小组及社区工作、青少年服务、残疾人士康复服务、违法者感化工作及住院训练等。

第二节　社区建设理念

香港社区建设开始时间早、建设范围广，且由于历史原因，其社区建设深受英国影响，早期的建设理念多围绕社会福利、人居保障方面。随着时间的流逝与科技的不断发展，近年来香港不断推动智慧与环保方面的社区建设，取得了一定的成果。香港未来社区理念结构见图 5-3。

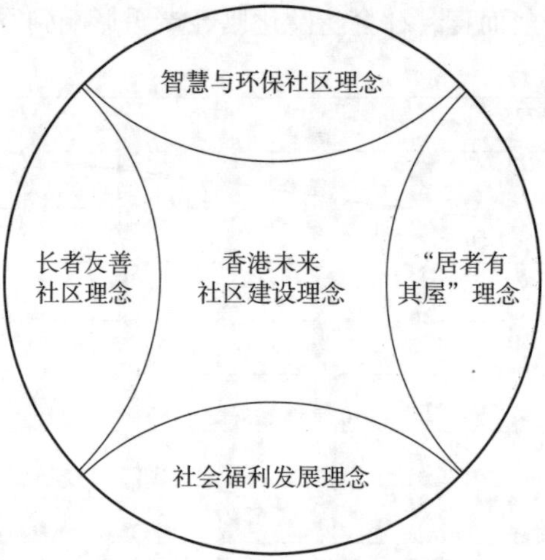

图 5-3 香港未来社区理念结构

一、智慧与环保社区理念

香港自 2017 年底公布《香港智慧城市蓝图》以来，政府一直致力于落实蓝图下的各项措施，2020 年发布的《香港智慧城市蓝图 2.0》，提出超过 130 项智慧城市措施。社区是城市的主体，智慧城市下智慧社区的发展为社区居民带来了极大的便利（图 5-4）。

图 5-4 香港智慧城市蓝图

资料来源：香港特区政府．香港智慧城市蓝图 2.0［Z］．2020.

为进一步推动“智慧政府”以至整个社会数码转型，香港于2020年2月推出“智方便”，初期提供20多项常用公共服务，包括网上申请续领车辆牌照及电子报税等，以及邀请其他公用事业在平台提供服务。同时香港特区政府计划于2021年供应更多不同频带的5G频谱，在速度、容量和覆盖等多方面满足各种5G应用的需要。智慧社区是在5G的条件下充分利用云计算、大数据、物联网、移动互联网、人工智能等技术，从而为社区居民提供一个安全、舒适、便利的现代化、智慧化生活环境，形成基于信息化、智能化社会管理与服务的一种新的管理形态的社区。此外，政府会进行一项全面的交通运输策略性研究，参考和引进合适的创新交通模式和技术。在提升公共运输服务、满足市民需求的同时，能有效分配不同的交通资源，以支持可持续发展，促进大湾区内的人流和物流流动。

在建设绿色环保社区方面，近十年，特区政府拨款超过470亿港元，推行各项节能和可再生能源措施、推广电动车船，以及引入创新转废为能和转废为材设施，以协助减废减碳。环境局还将推出废物管理长远策略蓝图、香港首份电动车普及化路线图等，为停售传统燃油私家车筹划目标及更新《香港清新空气蓝图》。香港正按着《香港气候行动蓝图2030+》，以比2005年减少65%~70%的碳强度为目标向2030年前进。

同时，香港特别行政区政府环境局正通过不同的环保新措施，如资助现有私人屋苑停车场安装电动车充电基础设施、扩展全港18区回收网络，以及推出“低碳绿色科研基金”等，支持“绿色复苏”，并且为了便利，鼓励市民使用社区回收设施。环保署于2020年11月16日推出“绿绿赏”智能积分卡，让市民凭卡赚取电子积分及兑换礼品。市民在社区新的回收网络提交不少于2公斤的回收物后，即可做简单登记领取一张“绿绿赏”积分卡。此后提交回收物时，只需出示“绿绿赏”积分卡或印于积分卡背面的二维码，即可赚取相应的“绿绿赏”电子积分以兑换礼品。这些措施不但可以持续改善本地的环境质量，还可以创造绿色就业及经济机遇，预计这些措施共可带来数以千计个职位。事实上，香港的碳排放量已在2014年达到顶峰，人均碳排放峰值为6200公斤，2018年人均碳排放量降至5400公斤，相较于2005年基准年下降约36%[36]。社会上普遍期望香港要进一步深度减碳和加强环境保护。香港低碳运营新民航处总部外景见图5-5。

图 5-5　香港低碳运营新民航处总部

资料来源：文化及公建项目［EB/QL］. http：//www. rlphk. com/chi/projects/archite/civic-community/31/1/80/civil-aviation-department-headquarters-hong-kong. html，2020-03-23.

二、长者友善社区理念

2006 年，在世界卫生组织发布《全球长者友善城市建设指南》的实践倡议后，香港特区政府非常重视这项工作，根据世界卫生组织提出的“长者角度”“长者参与”“长者适合”三项原则，于 2008 年开始编制并实施了“长者友善型社区”的发展计划，较为全面地丰富并发展了以下八个具体方面，依次为方便的公共交通、适宜的住宅改造、舒适的户外环境、包容的社区交往、畅通的社会参与、乐业的价值实现、方便的信息交流、完善的健康服务。

香港最早提倡并积极推动“长者友善社区”的是香港非政府组织——香港社会服务联会。香港社会服务联会是为香港市民提供各种福利服务的志愿机构的联合组织，它的前身为紧急救济联会，1947 年改为香港社会服务联会（以下简称香港社联）。香港社联目前拥有 400 个机构会员，涉及 3000 多个服务单位，为香港市民提供超过九成的社会福利服务。2008 年 12 月，香港社联旗下的长者服务专业委员会组织成立了“香港长者友善社区拓展小组”，并已更名为“香港长者友善社区督导委员会”，推动此项工作。近五年来，该委员会为推进香港长者友善社区建设做了大量积极有效的工作。例如，在成立初期搜集相关国家和地区成功案例的基础上，认真探讨在香港实施该计划的可行性，确立试点地区；在实施过程中积极协调各方关系，宣传推广计划，并制定《长者友善社区约章》等。

着眼在全社会营造尊老重老的良好风气，香港特别设立了“长者日”，时间为每年11月的第三个周日。为宣传长者友善社区的概念和宗旨，从2009年起，香港社联将“长者友善社区”设为“长者日”的主题，开展丰富多彩的活动。如“为长者友善多行一步”巡游、长者友善社区短片制作比赛（由香港社联与香港赛马会慈善信托基金联合举办）等，吸引市民的关注，得到市民的支持，对推动社会加深对长者友善社区概念的理解，提升长者在普通市民，尤其在年轻人心目中的地位起到了很好的作用，长者友善社区理念逐步深入人心[37]。

三、社会福利发展理念

在香港，非政府组织取得法律地位的方式有两种：一种是直接在香港公司注册处登记为有限公司，然后向香港税务局申请慈善地位，取得税务豁免；另一种是通过在香港警务处登记注册为非营利社团。

在香港的社区建设中，非政府组织起着关键作用。非政府组织作为建设的主要执行者，与政府之间是一种互相依赖、不可分割的密切合作关系。一方面，政府通过民政事务局（民政事务署内设机构）、社会福利署拨款资助非政府组织推行福利政策；另一方面，非政府组织也通过推行政府服务计划，达到民政事务局和社会福利署制订的服务目标，为政府在制定新政策时提供有力的事实依据。可见，香港的社区工作一向是由政府及非政府组织、志愿机构共同推动的。

从数量上看，目前全香港仅互助委员会就有2793个，业主立案法团有8848个。从社区社会组织内容看，社区发展计划主要聚焦在社区中心、邻舍层面社区发展计划、边缘社群支援计划；社区投资共享基金特别计划包括家庭及儿童发展、青少年发展、长者支援及充能、健康关怀、跨代共融、社区共融、建构社区能力七个方面，聚焦推动社会资本发展和社区能力提升。基金资助计划明确了六个范畴，包括社会网络、信任和团结、互助和互惠、社会凝聚包容、社会参与、资讯和沟通，主要聚焦社会资本。

香港社区社会组织资金来源渠道很多，但政府购买服务依然是很重要的方面，灵活的购买服务，为社区社会组织的培育发展提供了可持续性。全港有 139 个由非政府组织办的综合青少年服务中心。综合青少年服务中心采取全人模式和社区模式，为儿童及青年提供多样化的服务，包括个人指导及辅导、为身处不利环境的青少年提供的支援服务、发展和社交活动，以及社区参与活动等。目前，社会福利署的策划及统筹小组负责促进及统筹各区的青少年发展服务。该署透过 34 间非政府组织，为 463 所中学提供学校社工服务，以协助学生尽展潜能及处理他们在学习、社交和情绪上的问题。

社工和义工组合，编织良好服务网。1968 年香港社会服务联会成立了志愿者服务部。1970 年在政府社会福利署的资助下，一个专门负责发展志愿工作的独立机构——志愿工作协会正式成立，其宗旨是为香港志愿者提供稳定的工作环境，在推广志愿工作协调和发展中发挥主要作用。香港志愿组织开始有系统、有计划的工作。从事志愿服务的人员普遍被称为“义工”，“义务工作者”登记制度也于当年正式开始。截至 2019 年，特区政府社会福利署推行义工运动 20 年来，一直鼓励市民参与义务工作，全港登记的义工人数突破 130 万，参与义工运动的机构超过 3200 家①（图 5-6）。

图 5-6　香港义工组织的活动现场

资料来源：陈冬出席香港义工联盟全港义工服务日启动礼［EB/QL］. http：//big5. locpg. hk/gate/big5/www. locpg. hk/jsdt/2018-06/04/c_ 129886391. htm，2020-03-23.

① 香港特别行政区税务局 2015—2016 年年报［EB/OL］. 香港特别行政区税务局网 .

四、“居者有其屋”理念

香港的公共屋村计划可以说是由一场火灾引发出来的。第二次世界大战结束后的初期，香港有很多人居住在破烂的小木屋里，1953 年石硖尾木屋区的一场灾难性大火，使五万多人丧失家园。迫于灾民的强烈要求和社会舆论的压力，为了安置这些无家可归的人，香港当局的“徙置事务处”在 53 天内建了多座两层高的临时住房，使 3.5 万灾民有了栖身之所[38]。

随着社会的发展，香港住房问题逐渐突出，公共屋计划逐渐发展成“居者有其屋”计划。“居者有其屋”计划由前香港总督麦理浩爵士于 20 世纪 70 年代推行，原意是为一些收入不足以购买私人楼宇，又不合资格（或不愿意）入住公屋的市民提供的另一种选择。此计划内兴建的屋苑称为“居者有其屋”屋苑，通称居屋（图 5-7）。

图 5-7　香港公屋内部设计

资料来源：蜗居丨香港公屋的生活巧思［EB/QL］. https：//k. sina. cn/article_ 6326771794_ 1791ae052019001ukj. html？ cre = tianyi&mod = wpage&loc = 6&r = 32&doct = 0&rfunc = 0&tj = none&tr = 32，2020-03-23.

总之，“居者有其屋”理念，是香港特区政府为解决香港住房问题所推行的社会福利措施，体现了“以人为本”的思想，促进社区和谐发展。

第三节　社区建设最佳实践

香港未来社区建设有一定历史，其所有的建设工作都离不开民政事务总署。民政事务总署是香港特区政府负责社区建设工作的部门，其经历了多次的改革改制。1968 年 5 月港英政府成立民政处（District Office），开始推行民政主任（District Officer）制度，并提供资源协助各社区解决地方问题及主动搜集居民的意见，向政府汇报，后来民政处改称为政务总署，主权移交后再改称为民政事务总署。民政事务总署在每一个区域都成立了一个由民政区委员会、分区委员会及互助委员会构成的三层架构，开始有系统、有规模地扩展社区组织工作。政务总署的工作重点，一方面是协调政府各部门的活动，另一方面是社区组织工作[39]。

20 世纪 70 年代，香港在低收入社区加强公共资源配置，改善社区环境，提高生活质量，培养社区领袖等，出台政策聘用社工毕业生担任助理、社会福利主任，开展社区工作、社会福利、社会互助以及司法矫治等活动，预防和化解社会问题，以此使居民对社区产生认同感。

1976 年香港特区政府首次提出“社区建设”目标，并成立由多个部门组成的社区建设委员会，负责推动社区发展、社区参与和社区意识的树立。香港回归祖国以后，特区政府建立了以基本法为准绳，以高官问责制为中心的“三司十二局”行政管理体制，由政务司下属民政事务总局负责统筹社区建设和管理，形成了“一级政府，两级管理”的社会治理架构，即一个香港特区政府，同时由特区民政事务局和民政事务总署及各区民政事务处进行管理。政府在 18 个区设立地区建设委员会，由地区民政事务专员负责召集，由政府 12 个局在地区的代表参加，共同讨论地区的相关行政事务和社区社会组织培育发展[40]。下面是在这个过程中较为具体的四个未来社区建设实践的例子。

一、莲塘、香园围口岸

此项目旨在满足跨境交通基建设施持续增长的需求，以促进长远经济增长及地区整合合作。莲塘、香园围口岸将直接接驳深圳高速公路“东部过境通道”，该公路能直达广东东部（图5-8）。莲塘、香园围口岸能够大幅减少由香港前往深圳东部及粤东地区的时间，有助于促进该区发展。此项目包含各种绿色元素，其中采用的绿化屋顶能降低建筑物从阳光吸收的热量，借此减少冷却能耗。此项目亦广泛采用玻璃（低辐射玻璃），使自然光透入，创造和谐环境，同时节省日间照明装置使用率。

图5-8　莲塘及香园围口岸示意图

资料来源：文化及公建项目［EB/QL］. http://www.rlphk.com/chi/projects/architecture/civic-community/31/1/335/liantang-heung-yuen-wai-boundary-control-point-buildings-and-associated-works-hong-kong.html，2020-03-23.

二、“长者友善”社区建设

2008年，香港社会服务联会下辖的长者服务专责委员会成立“香港长者友善社区”拓展小组，下设四个工作小组（专家工作小组、成效检讨工作小组、促进分享工作小组、赞赏制度及推广策略工作小组），分别跟进不同议题，共同推动香港长者友善社区的建设。香港自下而上推行公众教育，发动长者关注地区的设施和环境，从而促进地区组织和区议会关心区内长者的需求，促请政府提出有利于长者融入社区的措施。香港已有8个区（葵青区、中西区、南区、西贡及将军澳区、元朗区、沙田区、观塘区和油尖旺区）在推进长者友善社区的工作计划。香港长者友善社区计划还包括“长幼/跨代共融”目标，让社会不同年龄人士相互接触，增加相互了解和接纳的机会，促进社会融合。图 5-9 为香港长者友善社区组织结构图。

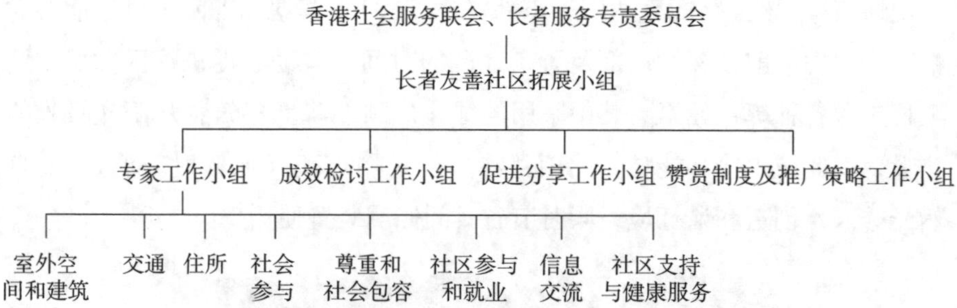

图 5-9 香港长者友善社区组织结构图

香港长者友善社区建设的内容及做法，在推动长者友善社区建设时，依据世界卫生组织提出的标准，结合香港情况设定了 8 个范畴（表 5-1）。

表 5-1 香港长者友善社区建设的 8 个范畴

范畴	目标
室外空间和建筑（Outdoor spaces and buildings）	注重户外空间和建筑设施的舒适度
交通（Transportation）	建立方便快捷和价格合理的交通系统
住所（Housing）	住所在设计、结构和位置选择方面能够确保安全及独立生活
社会参与（Social participation）	促进长者参与社会活动，增进与家人和朋友交往
尊重和社会包容（Respect and social inclusion）	促进长者在不同的社会环境下都受到尊重，使他们对社区有归属感
社区参与和就业（Civic participation and employment）	通过社区参与和就业让长者继续贡献社会，提升其自我价值
信息交流（Community cation and information）	建立良好的交流及信息发布渠道，让长者不会因无法获得信息而被孤立
社区支持与健康服务（Community support and health services）	以提升长者的健康及生活质量为目标，提供适当的社区支持和健康服务

资料来源：康越．香港长者友善社区建设及经验简析［J］．北京行政学院学报，2014，000（3）：99-101.

为了在地区层面广泛推广基本护老知识，孕育护老文化，以及发展护老服务，香港特区政府于 2007 年 10 月开始推出“护老培训地区计划”，通过提供种子基金，资助长者地区中心及长者邻舍中心同地区组织举办培训课程，以及招募完成培训的学员成为护老员，提供护老服务。①

（一）圣雅各福群会长者中心

圣雅各福群会由圣公会何明华会督及热心人士于 1949 年创办，最初于石水渠街北帝庙的一个偏厅开始儿童工作（圣雅各儿童会），至 1963 年在坚尼地道建成六层高会所，提供儿童及青少年服务、长者服务及康复服务。1987 年，位于石水渠街的总会大楼落成，服务更趋多元化。圣雅各福群会在 1990 年开办第一个湾仔区以外的服务单位（现称中西区长者地区中心），随后陆续在不同地区开拓新服务；单位主要分布于港岛北岸，从西环宝翠园至柴湾兴华邨。近年，在九龙及新界亦设立不同服务单位。现时，福群会在全港有 67 个服务点；截至 2020 年 9 月，职员超过 1600 人，为不同地区人士提供服务。另外，一年有近 1800 位义工协助各单位服务。

2019—2020 年，圣雅各福群会服务超过 290 万人次，服务对象包括幼儿、学童、青少年、成年人、家庭、长者及康复人士等。福群会提供多元化服务，由社区支援至院舍照顾，以配合不同人士的需要。

（二）仁济医院安老服务

1962 年初，荃湾商会成立“兴建仁济医院筹备委员会”。同年 8 月 25 日，发起人叶德范先生因劳成疾，不幸辞世。荃湾商会推选邱德根先生继任商会理事长。邱德根先生继承叶德范先生之遗志，继续领导并负责筹建仁济医院的工作。筹建工作得到荃湾乡事委员会的从旁协助。

仁济医院于 1982 年开始为香港本地的老人提供社会服务，而在过去三十多年间，有多家老人院舍及中心相继落成并投入服务。目前共有 25 个安老服务单位，为大约 8400 名会员提供各种服务，包括文娱康乐、社区教育及参与、兴趣学习、个人卫生、医疗护理、膳食住宿及为有需要的长者提供量身定制的上门服务，使体弱长者可以按其意愿继续在家安享晚年、使

① 护老培训地区计划。

护老者得到支援。

1. 安老院舍服务

安老院舍服务是社会服务部中的一大支柱，该院现有九间安老院舍（图 5-10），包括六家持续照顾院舍、一家全港最大规模的护养院、一间合约院舍及一间自负盈亏院舍，共有 1100 多名员工为 1415 位长者院友提供 24 小时全面的护理及照顾服务。除一般院舍服务外，各院舍也会为院友筹划不同类型的活动，以提高院友生活质量。

图 5-10　安老院舍内部环境

资料来源：香港社会福利署长者资讯网．院舍类别［EB/QL］．https：//www.elderlyinfo.swd.gov.hk/sc/rches_ natures.html，2020-03-23.

2. 安老社区照顾服务

安老社区照顾服务为仁济医院重要安老服务，仁济医院目前共有 16 个安老社区照顾服务单位，服务种类有长者邻舍中心、老人中心、老人日间护理中心、第三龄人士服务、长者家居照顾服务、认知障碍症康复及社区支援中心、长者社区照顾服务券试验计划、睦邻社区服务中心、长者社会企业九大类别，为大约 9000 名会员提供各种服务。为配合政府居家安老政策，该院近年积极统合本院长者社区照顾服务券试验计划、长者基层护理培训工作，以及仁济乐在家专业陪老服务的综合服务模式运作，以低成本高效益的营运方式为家居长者及有需要的人士提供高质素的专业家居护理照顾服务（图 5-11）。

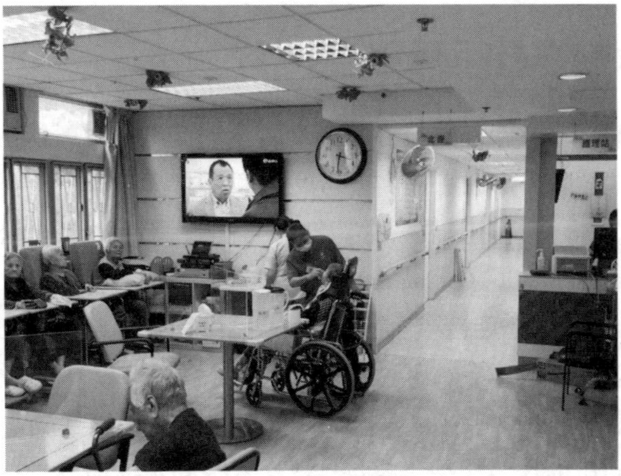

图 5-11　安老社区照顾服务图

资料来源：香港社会福利署长者资讯网．基督教香港信义会恩颐居安老院［EB/QL］．https：//www. elderlyinfo. swd. gov. hk/sc/content/elchk-grace-court，2020-03-23.

3. 长者数码外展计划——V3R 时空奇幻之旅

陈冯曼玲睦邻社区服务中心于 2018 年 12 月起推行全港性长者数码外展计划，为期两年。该计划利用虚拟实境（VR）技术，让长者在绝对安全的情况下如同置身于昔日熟悉的香港环境，于“港式士多”及“家居厨房”等模拟环境内进行富有趣味性而简单的任务，如模拟购物、煮食等，达到认知训练、强身健体并增强复健的效果。该计划派出专责社工及护理员进行针对式配对，并密集式训练及活动后跟进，全面提升介入成效。服务区域涵盖全港共九个地区，计划至今累计服务人数已接近 500 人，当中包括院舍长者、隐蔽长者、接受日间护理中心或家居护理服务的长者，反应热烈，复健效果亦较传统方式显著。

4. 赛马会 e 健乐电子健康管理计划

仁济医院分别于方若愚长者邻舍中心、邓碧云纪念长者邻舍中心及曾荣夫人长者邻舍中心推行为期一年三个月的“赛马会 e 健乐电子健康管理计划”。该计划结合了电子健康管理技术及专业团队跟进，并以自我健康管理及身心灵全人健康模式为介入手法，提供多元化的小组活动，包括气功体验工作坊、香薰治疗工作坊、社区探索健步乐等，该计划于 2018 年 11 月开始，至今累计受惠 3772 人次。

三、全城“认知无障碍”大行动

《行政长官 2017 年施政报告—施政纲领》提出一系列新措施，加强在社区层面为认知障碍症患者提供适切的照顾及支援服务。社会福利署（简称社署）在 2018 年 9 月开展一个为期三年的“全城‘认知无障碍’大行动”（Dementia Friendly Community Campaign）公众教育活动，包括由社署 11 个分区福利办事处在地区层面举办活动，以加强市民对认知障碍症的认识及关注，从而建立一个对认知障碍症患者及其家人友善的社区。

同时，社署委托香港认知障碍症协会，于“全城‘认知无障碍’大行动”开展期间协助社署在全港举办“认知友善好友”简介会，推广及加强公众对认知障碍症的认识，鼓励公众以行动关心和支持患者及其家人，建设一个认知无障碍的香港。目前，全球已有来自 23 个国家或城市，超过 1400 万人登记成为“认知友善好友”。社署期望借助筹办全港性及社署 11 个分区的“认知友善好友”简介会，向参与人士介绍认知障碍症及推广关怀认知障碍症患者的信息。参与人士参加完简介会后，更可登记成为“认知友善好友”，积极支持“全城‘认知无障碍’大行动”（图 5-12）。

图 5-12　认知友善大使工作坊 2020 年活动现场

资料来源：社会福利署. [EB/QL]. https://www.swd.gov.hk/dementiacampaign/sc/whatsnew_3.html，2020-03-23.

四、“居者有其屋”计划

“居者有其屋”计划是香港特区政府推出的解决住房问题的方案之一，该计划已逐渐成为对未来社区模式的一种有益探索。在香港，对头上没有“绿表”光环的年轻人而言，申请购买居屋似乎是现时比较可行的“上车”方法，最新一期居屋更将“白表”比例首次提高至六成。2020 年，香港房委会已公布的延后推出的 4 个“居屋 2020”项目分别为火炭彩禾苑、粉岭皇后山山丽苑、马鞍山锦骏苑、钻石山启翔苑，是复售居屋以来单位数目最多的一次。资料显示，最贵单位位于钻石山启翔苑，售 513 万港元，调整折扣后只需 489 万港元；山丽苑售价最平，最低价单位只需 117 万港元，支付 58 500 港元首期款即可购买。

（一）例子：启翔苑、彩禾苑

图表列举了启翔苑（表 5-2、图 5-13）和彩禾苑（表 5-3、图 5-14）的一些信息。

表 5-2　启翔苑社区基本资料

街道名称及门牌号数	彩虹道 237 号
区域	慈云山、钻石山及新蒲岗
互联网网站的网址	www. housingauthority. gov. hk/hos/2020/KaiCheung
委任建筑师	房屋署总建筑师（五）
承建商	有利建筑有限公司
代表卖方的律师事务所	杜伟强律师事务所

启翔苑位于九龙大磡重建区东部，邻近港铁屯马线一期钻石山站。该屋苑共设两座分别高 39 层（A 座启怡阁）及 33 层（B 座启悦阁）的楼宇（包括地下），提供 940 个单位。启翔苑是“居屋 2020”项目中唯一位于市区的居屋，附近亦有如荷里活广场般的大型商场。不过，启翔苑售价亦是 4 个屋苑中最贵的，由 218 万港元至 489 万港元不等。启翔苑的间隔与设施方面，主要的楼层启怡阁及启悦阁分别为一层 15 伙及一层 11 伙，并分别设有 4 部及 3 部升降机。启悦阁以 1 房单位及 2 房单位为主，按图估计，逾半单位可间两房。启怡阁有提供开放式单位，基于面积较小，估

计不足以间独立房间。屋苑内有 3 个儿童游乐区，位于启怡阁旁边，有绿化平台等设施，主要出入口可通往彩虹道。

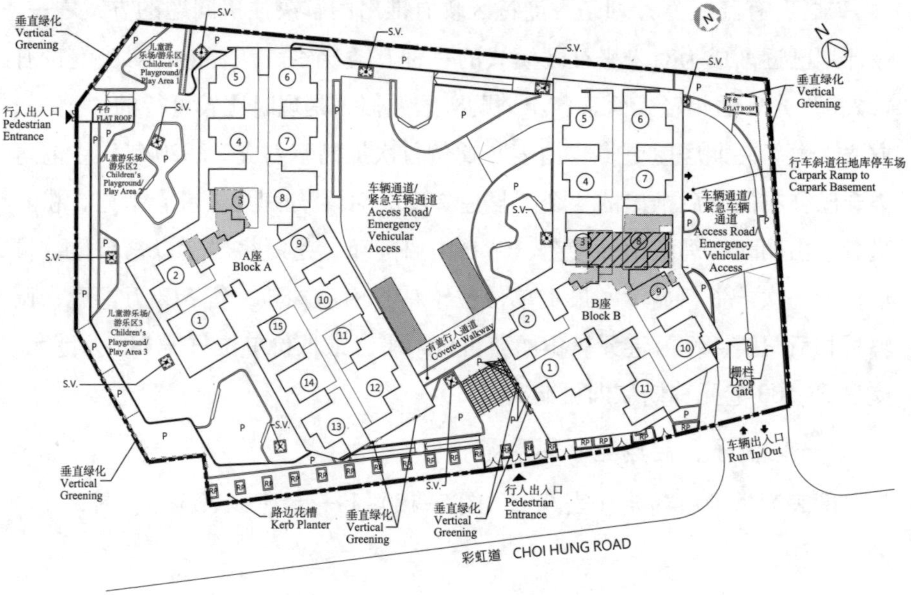

图 5-13　启翔苑发展项目布局示意

资料来源：出售居者有其屋计划单位 2020 [Z]. 香港：香港房屋委员会，2020.

表 5-3　彩禾苑基本资料

街道名称及门牌号数	禾上墩街 18 号
区域	沙田
互联网网站的网址	www. housingauthority. gov. hk/hos/2020/ChoiWo
委任建筑师	房屋署总建筑师（六）
承建商	安保工程有限公司
代表卖方的律师事务所	麦黄张律师行

彩禾苑楼高 44 层，位于禾上墩街，邻近火炭工业区，并位于新建的公屋骏洋邨对面。彩禾苑的最大特点是具有近年新居屋中少见的“3 房 2 厅”大单位，部分单位更备有两个厕所，可间出两个套房。该苑为单幢式纯住宅物业设计，提供 806 伙，售价在 241 万 ~465 万港元。此外，彩禾苑更是“居屋 2020”项目中最快可以入伙的屋苑。屋苑与火炭站相距 15 ~ 20 分钟步行路程，而附近一带是工厂区，若要购买民生用品或添置食物，居民需

要步行约 5 分钟前往骏洋商场及街市购买。

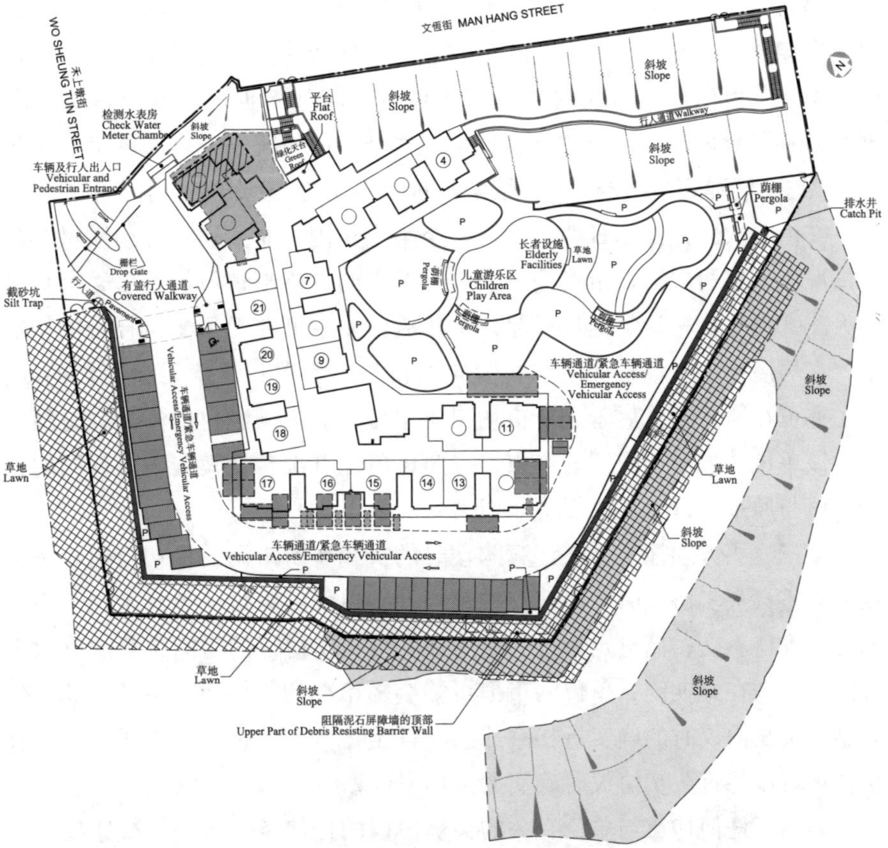

图 5-14　彩禾苑发展项目布局示意

资料来源：出售居者有其屋计划单位 2020［Z］. 香港：香港房屋委员会，2020.

（二）附属规则条件

为保证“居者有其屋”计划能真正发挥它的实效，不成为他人市场盈利工具，政府颁布了一系列转让限制条件。

第一，在签署转让契据前，买方不得把单位转让予其他人或机构。若买方在签署转让契据前要求撤销买卖协议，且获房委会同意，房委会有权保留一笔相等于售价 5%的款额，作为同意撤销买卖协议买方应付的代价。此外，买方须向房委会支付或偿付与撤销买卖协议有关或其引致的一切法律费用、收费及代付费用（如有印花税，亦包括在内）。

第二，若买方在签立转让契据成为业主后转让或出租其单位，须按照转让契据的条款和政府租契所载的条款、契诺及条件处理。房委会不会回购或提名买家［“居者有其屋”计划（居屋）第二市场除外］购买彩禾苑、启翔苑、锦骏苑、山丽苑的单位，而下列转让限制将适用于有关单位的业主。①由房委会首次将单位售予业主的转让契据（下称首次转让契据）日期起计两年内：业主须在无须缴付补价的情况下，在居屋第二市场以不高于列于首次转让契据的原来买价（注）出售单位予房委会提名的人。②由首次转让契据日期起计第三至第十年内：业主须在无须缴付补价的情况下，在居屋第二市场按业主自行议定的价格出售单位予房委会提名的人。③由首次转让契据日期起计十年后：业主可在无须缴付补价的情况下，在居屋第二市场按业主自行议定的价格出售单位予房委会提名的人；业主亦可在缴付补价后于公开市场出售单位；业主须缴付的补价，是根据届时该单位并无转让限制的市值，按照该单位首次转让契据中所订明的最初市值与原来买价（注）的差额计算。

第三，买方须注意，在计算购楼时的折扣率所沿用的最初市值，是根据买方签订买卖协议时的市值。本销售计划单位的售价一经订定，于销售期间将维持不变，而订定售价的时间和签订买卖协议的时间一般约有数个月的差距。在此期间，单位的市值可能会随市况的转变而调整。因此，买方签订买卖协议时的确实折扣率或会与订定售价时的折扣率有所不同。补价款项将以签订买卖协议时确实的折扣率计算。

第四，任何违反与单位有关的买卖协议的任何条款或条件或违反单位的转让契据内的任何契诺所作出的按揭、其他押记、转让或其他让与，连同任何关于如此按揭、押记、转让或以其他方式让与的协议（下称“非法让与”），根据《房屋条例》（第 283 章）第 17B 条均属无效。任何人就其单位作出非法让与即属犯罪，将面临《房屋条例》（第 283 章）第 27A 条下之刑罚。

第四节　社区建设经验总结

一、完善社区治理法律，合理界定法律边界

香港采用软法与硬法相结合的方式完善社区治理法律体系，结合社区

实际情况，推动《城市居民委员会组织法》修订工作，加强社区治理相关行政法规立法研究，最终建立了一套适合香港的社区治理法律体系，从而得以充分利用法律来助力社区建设发展。因此，我国内地应当着力研究社区治理地方性法规和地方政府规章；制定社区管理法律与规章时，确保清晰界定行政权力和社区权力的边界，明确规范社区治理方式和运作程序，依法维护社区治理主体之间的法律关系，做到“有法可依、有法必依”，充分保障非政府组织在社区治理中的法律地位[41]，最终建立制度化、法治化的中国特色城市社区治理模式。同时多元治理主体应当得到法律认可，从而确保各个治理主体的参与具备合法性，并且均在法律框架内规范运行。唯有如此，才能在基层政府、社区自治组织和非营利组织之间建立起相互合作、相互协调、良性互动的民主合作治理关系[42]。

二、发挥社区自治作用，科学规范义工组织

经过几十年的发展，香港社会志愿机构与义工制度，参与人数多、影响力大，已成为政府、经济部门以外的“第三部门”。香港的民间组织机构管理科学、运作方式灵活、服务内容丰富、社会影响较大，不仅承担起大量的社区服务事务，更及时将公众诉求传达给政府。内地要发挥社区的自治作用，首先应加大对各类社会组织尤其是民间服务组织的培育力度，积极鼓励和支持社会力量投资兴建和完善社区服务设施。

同时，香港的义工组织有着严格的专业化和规范要求。对于接受特区政府资助的组织，为确保受资助机构的服务质量及效率，社会福利署与受资助机构共同制订《津贴及服务协议》及一套《服务质量标准》以厘定及评估服务效果。而对于义工，香港也有着严格的要求，需要接受专业化的培训才能上岗，而经过专业培训的社工才能发挥优势，更好地为社区服务。

三、加大社区建设投入，宣传社区建设精神

香港特区政府高度重视社区建设资金投入，这是社区建设得以向世界先进水平发展的重要因素。相对而言，我国内地社区建设投入资金不足，

存在机构组织难以运行、专业程度不高、基础设施建设滞后等问题，因此政府须高度重视社区建设，提供资金投入。

香港的特区政府机构只有 3 司（政务司、财政司、律政司）12 局共 61 个政府部门和机构，并无下一级的政府，其架构精简高效。此外香港每个区都有地区管理委员会，就市民日常生活事务向政府提供意见。因为这种自下而上充分反映民意的社区制度，积极参与社区事务已经成为社区居民日常生活的一部分，居民要求可以直接通过社区制度反映，极大地增强了社区居民责任心，推动社区发展。一个能让社区居民积极广泛的参与的制度，是社区发展的重要基础。我国政府应积极宣传社区建设，让共同创造美好社区的思想深入每一个社区居民的心，增强责任意识，推动社区建设发展。

四、坚持“以人为本”理念，共建美好福利社会

相比于内地，香港的社会福利制度完善，更加体现了“以人为本”的理念。通过完善社区的福利建设，使每位居民能切实享受到生活各个方面的福利，加强了社会的凝聚力，增加了市民对社会及社区的归属感，使社会和社区更为融合，从而发展成一个关怀互信、融洽和谐的社会。

建立完善的福利制度，主要通过两种方式，一是通过政府机构，包括法律制度与社会救助；二是通过非政府机构，即大量社会服务工作是通过非政府的福利机构（即民间福利机构）管理的，间接管理模式充分体现了社会福利社会化的客观要求，但也必须接受政府相关部门的监督和宏观管理。香港社会福利服务范围涉及劳工、就业、教育、医疗、健康、房屋、市区重建、交通、扶贫、国际救援等。首先，我国政府应加强社会福利责任，增加为社会机构提供资助或为服务对象提供补贴的机会。其次，鼓励民间组织开展社会福利服务。在健全法律、完善制度、加强监管的情况下，让不以盈利为目的经过专业培训的社会组织、义工组织和企业体承担绝大部分的社会福利服务项目。最后，居民应积极参与社区福利项目，建言献策，加强社区福利建设意识，为自己为他人谋福利，共建和谐社会。

第六章 浙江省未来社区建设实践

第一节 浙江省未来社区建设战略

“未来社区”这一概念在浙江省被最早提出并最先进行建设。2019 年 3 月 20 日，浙江省政府印发了《浙江省未来社区建设试点工作方案》（浙政发〔2019〕8 号），标志着浙江省未来社区建设试点工作全面启动。浙江省发展改革委等部门联合发布了浙江省谋划未来社区建设的行动计划和试点方案。

一、自我定位，明确目标

浙江省政府印发的工作方案中，明确提出了要以满足人民对美好生活的需要为中心，聚焦人本化、生态化、数字化三维价值坐标，以和睦共治、绿色集约、智慧共享为内涵特征，构建以未来邻里、未来教育、未来健康、未来创业、未来建筑、未来交通、未来低碳、未来服务和未来治理九大场景创新为重点的集成系统，将先加快启动试点、再扩点增面、最后进行全面推广作为路径目标。

2019 年 6 月首批 24 个未来社区试点公布并开展建设工作，第二年全面推进第二批 36 个省级试点项目，接下来再谋划一批新的试点项目，到 2021 年底，将培育省级试点 100 个左右。然后将试点不断推广增加，为全国的未来社区推进打下坚实基础，同时也提供珍贵的可借鉴学习的经验结果。

未来社区建设不仅作为浙江省大湾区、大花园、大通道、大都市区这

“四大”建设的示范试点项目，也是未来城市有机更新的一个大方向，它关乎城市居民生活品质的提升和社会基层治理的现代化、信息化。未来社区的建设，就是要通过绿色、开放、共享等先进理念的植入，以及新一代新兴信息技术的集成应用，为居民提供有归属感、舒适感和未来感的社区环境。未来社区建设在改善民生的同时，也更能驱动大投资、带动大产业、促进大转型。

二、试点扩面，经验推广

政府为了顺利开展未来社区建设，将未来社区建设分为了三个阶段：加快启动、增点扩面和全面推广。首先，让客观条件优越、主观意愿强烈的地区“先行试点”，为未来社区建设积累初步经验，激发更多地区参与未来社区建设的积极性。其次，通过“增点扩面”探索完善未来社区规划、建设和运营的标准体系，为未来社区建设探索可复制、可推广、具有操作性的经验及模式。最后，在全省范围内全面复制推广，充分释放未来社区建设的裂变效应，夯实未来城市发展基础，有力支撑大湾区、大花园、大通道、大都市区建设。

政府鼓励试点中的老旧小区采取全拆重建和插花式改修建等方式，同时鼓励积极开展 TOD 模式、数字服务平台、装配式绿色建筑等新领域的研究和利用。未来社区场景中将搭建数字化规划建设管理平台，构建社区信息模型（Common Information Model，CIM），实现规划、设计、建设全流程数字化，建立数字社区基底；未来社区交通方面，创新街区道路分级、慢行交通便利化设计，倡导居民低碳出行，通过信息服务实现一键导航、交通无缝衔接，打造居民便捷交通站点出行圈。这一系列的改造政策和战略，都是对未来社区建设的要求和工作任务，并以此为技术基础建设出真正具有面向未来意义的宜居、宜业、宜行的社区。

从“浙江发改”的“未来社区最佳实践”专题推文中可以看到，绍兴上虞鸿雁社区充分运用数字平台集成融合功能，不断更新完善数字化模型和各类数据信息，实现数字社区与现实社区共生共长；丽水莲都灵山社区深化“最多跑一次”改革，以超常规力度狠抓落实，确保土地“带方案”

一次性出让；温州龙湾富春社区和衢州柯城礼贤社区利用当地的特色文化，分别打造以瓯江山水诗路为主线的浙南特色未来社区，以衢州特有的“南孔文化”为基底打造的“礼贤”社区主题文化。由此可以预见，未来必然会不断涌现出形式各异、各具特色的未来社区。

各地未来社区取得的成果、所获得的经验是宝贵的，未来社区在全国推广开后，这些在前方开路的未来社区试点就是未来社区建设的经典范例，可进行全面的推广复制，为以后新的未来社区建设作出了贡献，让他们汲取经验，不走前人走过的弯路。

三、理念突出，因地制宜

未来社区建设内容和理念都凝聚在“139”这三个数字当中，“1”就是以满足人民对美好生活的需要为中心，“3”就是聚焦人本化、生态化、数字化三维价值，“9”就是未来邻里、未来教育、未来健康、未来创业、未来建筑、未来交通、未来低碳、未来服务、未来治理九大场景创新。未来社区建设就是以此为依据展开的，各试点负责部门以此为大背景，制定符合自身特点的政策战略。

未来社区试点要求将“人本化、生态化、数字化”理念转化为创新实践，融入未来社区建设工作实践当中。建设过程中要注重绿色低碳，强化公共交通导向布局理念，构建多能协同低碳能源体系，推广近零能耗建筑，建设花园式无废社区，营造可持续发展、以人为本的人居环境。同时注重数字赋能，推动5G、大数据、云计算、物联网、人工智能等数字技术与未来社区建设深度融合，加快建设智慧社区服务平台、智慧城市信息数据平台，打造实体建设和数字建设“孪生”社区，提升整体智治水平。

《浙江省未来社区建设试点工作方案》中提出，结合试点地区的实际情况，统筹考虑将试点工作分为改造更新和规划新建两大类型，提出精准措施，推动未来社区模式向多样化、差异化、特色化发展。各地区的未来社区建设有很大的发挥空间，不同类型、不同定位和层次的社区在可持续发展过程中，因地制宜，充分考虑当地的自然、经济、历史文化、交通等各项区位因素，走出符合自身特色创建之路。例如，金华市高质量开展未来社区三年行动计划，充分挖掘金华“婺派”特色，放眼“大花园”“大产业”，研判“小民生、细需求”，全面摸清家底，建立行动计划表、项目储备表、考核指标体系、重点项目库等，依据这些资料，明确符合金华市特色的未来社区建设内容。像这样摸索探寻、走特色路的试点社区不在少数。

第二节　浙江省未来社区建设路径

一、未来社区建设理念

未来社区，是以满足人民对美好生活的需要为中心，聚焦人本化、生态化、数字化三维价值，突出高品质生活主轴，使人民有归属感、舒适感、未来感的新型城市功能单元。它是未来邻里、未来教育、未来健康、未来创业、未来建筑、未来交通、未来低碳、未来服务和未来治理九大场景创新有机统一的新人居空间，是绿色低碳智慧的“有机生命体”，宜居、宜业、宜游的“生活共同体”，资源合理配置的“社会综合体”。

因此，未来社区不同于传统社区概念，是一种生活的现代描述，是以人本理念为核心，以满足人民对美好生活的需要为根本目的，围绕社区全生活链服务需求，以和睦共治、绿色集约、智慧共享为基本内涵的社区。在未来社区理念的内涵下，是无处不在的信息化、现代化所衍生的各类科技产品、人文作物在支撑，是完善的社会运作体系在运行，同样也是人民对美好生活向往的一种体现。在人民物质需求与精神需求日益高涨的当下，未来社区建设的九大场景涉及人民生活的方方面面，建设未来社区是一种对人民生活及其生活态度、社会运作以及人与自然关系的有益探索。

为落实未来社区建设，浙江省政府提出了“139”具象化顶层设计，即一个中心、三个未来价值坐标、九大未来场景，作为未来社区样板蓝图①，如图 6-1 所示。

---

① 《小康》2019 年 7 月下旬刊

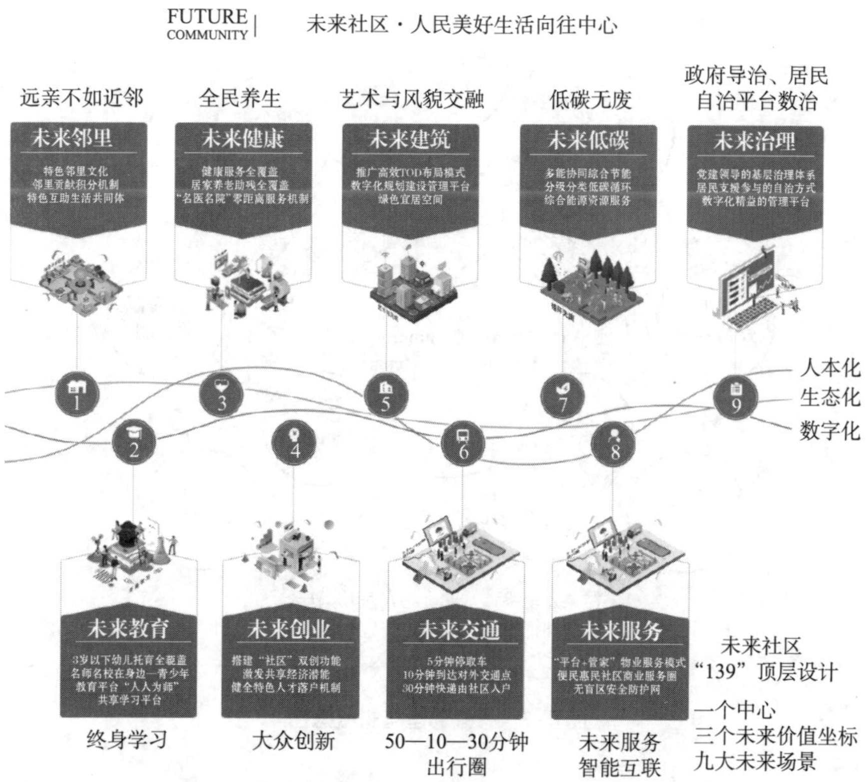

图 6-1　浙江省未来社区建设理念

资料来源：https：//www.wzpm.com.cn/Product/business/key/3/cid/17/id/41.html，访问时间：2021 年 2 月 20 日.

二、九大场景建设路径

（一）未来邻里场景

未来邻里场景概念图如图 6-2 所示，包含“印象空间”“人文内核”和“交互路径”三个元素，通过邻里互动机制保障，共同打造邻里空间，形成邻里精神共同体。

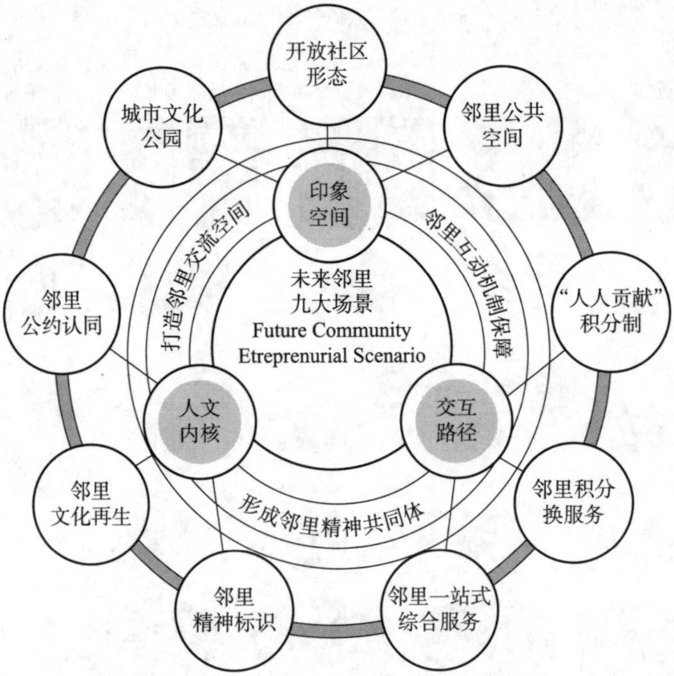

图 6-2　未来邻里场景概念图

1. 打造特色邻里交往空间

以瓜山社区为例，为保留社区记忆和乡愁，设计集团对其进行重新空间梳理，并通过围墙、连廊等设计将住宅区分为25个组团，使得原有松散的规划结构转变为团组式结构，便于后期组团式管理（图6-3）。其中，22个居住组团根据居民兴趣爱好分成不同的区块，例如电竞区、宠物区等，并在相应的住宅区建设小规模的公共活动空间。瓜山社区采用"插画式+系统化"的改造路径，在保留了社区老旧建筑的、文化遗址的同时唤醒了新城市的活力，并以居民兴趣爱好为引力，促进邻里交往交流和"远亲不如近邻"氛围的营造①。

除了各个居住区块之间的小型社交空间，设计团队还在各个居住区块之间建设了功能不同的大型社交空间，例如社区文化公园、星光广场、滨

① 拱墅瓜山未来社区："未来生活"这样设计！https：//baijiahao. baidu. com/s？id=1653790425607478263&wfr=spider&for=pc.

图 6-3　瓜山社区改造前后对比

资料来源：https：//hangzhou. qfang. com/garden/desc/35390；https：//www. sohu. com/a/337068108_ 689628，访问时间：2020 年 4 月 11 日．

水码头等。在不同功能组团区域与居住组团之间，有一条 3. 8 千米的樱花跑道已全线贯通，将整个社区串联起来。

此外，项目组设计人员还创建了“心灵之家”，保存了拱墅区珍贵的依托运河而生的近代工业历史记忆，传承了拱墅区的近代工业文化，并在此基础上打造了独特的社区文化形象，例如标志性建筑、LOGO 等。“心灵之家”所保存的社区记忆可以促进社区精神建设，增强居民的社区认同感和归属感，以此推进城市化进程。

2. 构建邻里贡献积分制

为实现邻里互助的美好场景，拱墅区政府响应市政府号召，建设了党员群众爱心银行。在已有的平台基础上，建设线上爱心银行，登记志愿者基本信息以及特长，对应到不同的志愿服务内容（生活服务、医疗保健服务、社区帮困服务等）和相应时间，并按一定比例折算成积分，该积分将在志愿者因客观原因需要被服务时，转换为提供相应积分的服务或物资。

3. 建立社区信用评价体系

虽然瓜山社区在社区信用评价制度方面的建设与推广还没有较深入地进行，但全国其他社区已经有较好的示范。因此，信用评价体系和邻里贡献积分制的打造与推广，主要参考借鉴该方面工作较为成熟的社区——陕西省光明社区。

十六大以来，陕西省政府就十分重视信用体系建设。为建设良好的社会信用环境，陕西省政府颁布了《陕西省社会信用体系建设规划（2007—2016年）》，进一步为信用体系建设指明了方向。该规划指出，信用体系的建设工作主要围绕信用信息采集整合、信用产品使用、失信惩戒这三个环节展开。

陕西省先后成立了陕西信用协会和陕西信用建设协会进行指导建设，编写信用指标并开展一系列活动，将信用建设推广到各行各业和各个乡镇社区，为后续的信用信息公开以及平台搭建做好准备工作。此外，陕西省政府发布了《陕西省政府信息公开规定》，并创建了网络平台“信用陕西”，为信用体系的建设打下了良好的基础。到2016年，陕西省已具有大规模行业数据库20个，查询网点3000个，高达90%的联合征信企业入库率，信用服务行业也逐渐发展成熟。待企业信用体系建设有所收获之后，陕西省政府开始全面推广信息公开，信息完善从企业落实到个人，并同时加强信用监管和惩治体系，鼓励信用服务行业发展，推广全面以后再对整个体系进行巩固与提升①。

光明社区以陕西省信用体系建设为基础，突出打造“信用社区”，进一步优化和升级信用社区创建的标准、流程和模式，着力推出“信用评价体系”新模式，将信用评价形成一个完整的体系。信用评价体系共分为五个方面：星级标准、评价标准、信用日志、星级市民和信用评价。社区居民可以通过身份证号码及姓名查询自己的详细信用情况，也可以下载自己的信用报告。在日常工作中，光明社区以构建诚信光明为目标，以增强社区诚信意识和信用理念为目标，以提升居民诚信素质为重点，广泛开展“争做诚信居民，共建信用社区”活动，引领居民形成诚信为本的良好风尚，精心打造诚信社区。

除此以外，光明社区将志愿积分制与信用系统相结合，打造了爱心银行，对居民志愿者的行为进行记录和积分折算，并按照积分、季度或年度对优秀居民进行表彰，并予以相应的服务、物质奖励。

① 《陕西省社会信用体系建设规划(2007—2016)》。

（二）未来教育场景

未来教育场景概念图如图 6-4 所示，主要体现在“‘保教融合’幼托服务”“‘名校名师在身边’青少年教育”和“‘人人为师’共享终生学习”三个方面，通过对优质教育资源的统筹，提升幼托服务标准，打造学习型社区。

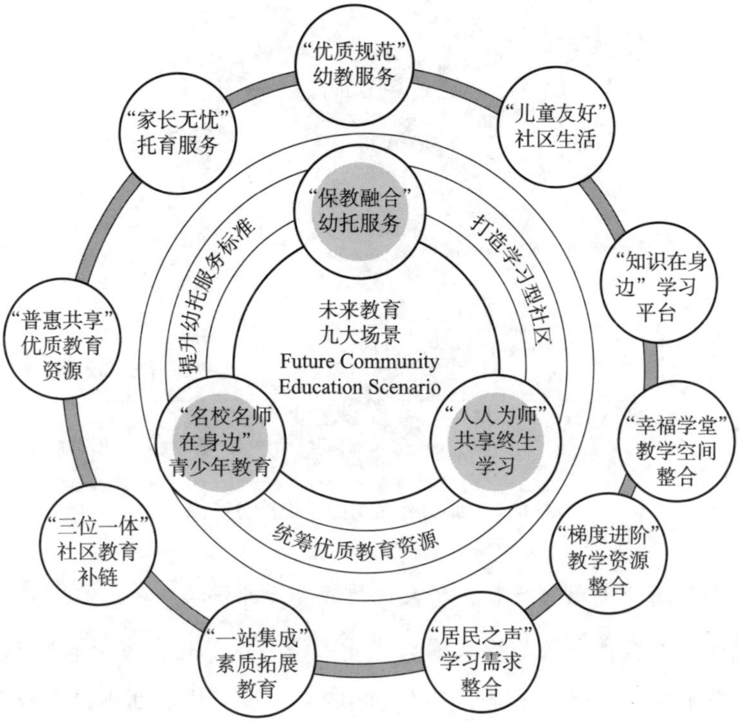

图 6-4　未来教育场景概念图

1. 加强科技融合，实现幼托服务

建造高配托儿服务设施，重点发展普惠性公办托育机构；结合 5G 技术开发云看护系统，探索临时看护、家庭式托育等多元化模式；强化专业托育员培训和监管体系建设，实现 3 岁以下幼儿托育全覆盖①。

按照合理的区位划定教育区块，建造社区学校、社区托儿、育儿机构以满足社区基本的育儿教育需求。在此基础上，插花式地在社区间点缀临时看

① 《浙江省未来社区建设试点工作方案》。

护机构，并结合5G技术开发的云看护系统和托儿机构培训的专业看护人员情况，探索临时看护、邻里看护等多元化看护模式。例如，瓜山社区规划有国际双语幼儿园和小学（图6-5），来满足社区基本教育需求。

图6-5　瓜山社区组团与设施分布图

2. 打造青少年教育平台，扩大优质教育资源供给

将社区内教育资源与社区附近优质师资力量等教育资源通过5G搭建的教育资源共享平台相连接，打破校园壁垒，扩大优质幼小教育资源覆盖面。平台中开创的线上交流功能能实现师生线上实时交流，为学生答疑解惑，并配置功能复合型社区学堂，满足多年龄段需求。建立兴趣培育教育与素质教育相结合的教学体系，与兴趣培育机构合作，依托智慧平台，举办以兴趣为导向的社会实践活动与公益活动。例如，瓜山社区内部设有30个班级规模的小学，与周边的各小学联合，打造线上教育平台。

3. 搭建共享学习平台，倡导终身学习新风尚

在社区居民组成较为完善的基础上，通过社区社群在社区平台上设置的各类专项社区达人资源库，实现社区内部答疑解惑自循环，并将积分制与答疑解惑机制相结合，形成邻里互帮互助、内部答疑的良好氛围。小区

内引入共享图书馆、美术馆、社区历史博物馆等具有教育意义的场馆设施，拓宽社区学习地图，建设“知识文化在身边”的良好环境。

瓜山社区内部设有社区文化公园、户外文化历史展览区、创客学院管理等设施。虽然社区平台软件还未设置答疑解惑功能，但已有功能相似的软件可做借鉴。

（三）未来健康场景

未来健康场景概念图如图 6-6 所示，主要为“健康生活”“优质医疗”和“幸福养老”三个元素，倡导健康的风尚，完善社区养老，提升社区医疗服务。

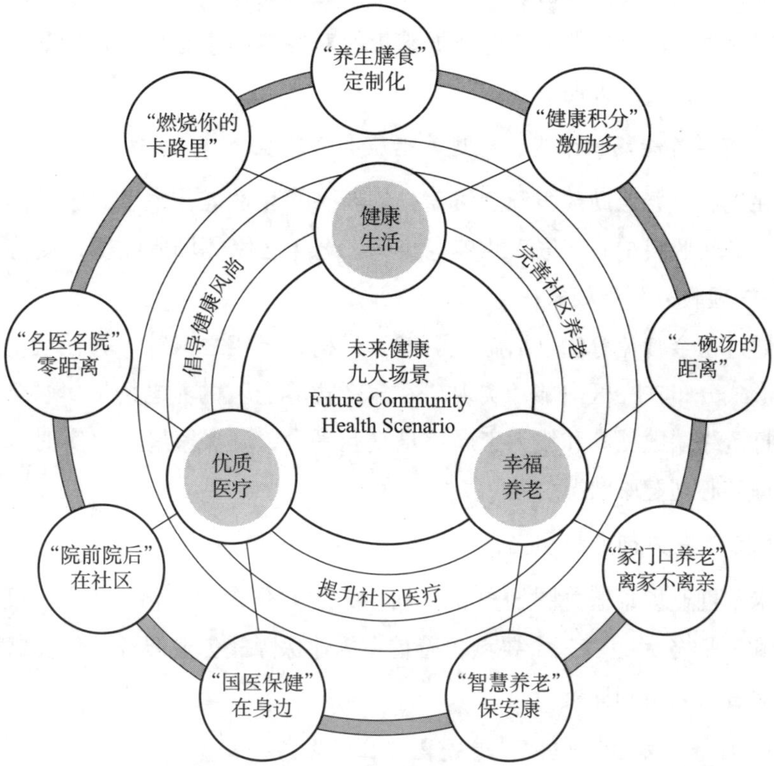

图 6-6　未来健康场景概念图

1. 建立生命周期档案，完善家庭医生签约服务机制

结合居民健康数据，建立全生命周期健康电子档案系统，完善家庭医

生签约服务机制。推广可穿戴设备等智能终端应用，探索社区健康管理线上到线下（O2O）模式。通过远程诊疗、人工智能（AI）诊断等方式，促进优质医疗资源普惠共享[36]。

2. 科学配置运动设施，创新社区健身服务模式

创新社区健身服务模式，科学配置智能健身绿道、共享健身仓、虚拟健身设备等运动设施；同时加强社区保健管理，普及营养膳食、保健理疗等养生知识[36]。

在15分钟出行圈内插花式建立开放式健身房、社区绿色跑道等公共设施，以满足居民的健康需求。组织建设运动社团，将积分制与运动量数据相结合，鼓励居民健康锻炼，强健体魄。社区软件开发家康管家模块，依据穿戴式身体记录仪器上传的数据给出针对性的健康意见，并定期更新营养膳食、健康理疗方面的知识。

3. 完善养老场所配置，促进养老服务全覆盖

促进居家养老助残服务全覆盖，创新多元化适老住宅、居家养老服务中心、日间照料中心、嵌入式养老机构、老年之家等场所配置，支持“互联网+护理服务”等模式应用[36]。

通过租金减免等优惠措施吸引养老机构、老年之家等入驻社区，以插花式形式分布在社区内部，实现“在家旁边养老”的养老场景。联合养老机构打造终端数据库和线上家属信息交互平台，确保家属可以实时查看老人生理和心理健康状况。

（四）未来创业场景

未来创业场景概念图如图6-7所示，主要包含“生活无界”“机制无忧”和“服务无距”三个要点，着重在创业保障、创业服务、创业载体三个方面有所创新和完善。

1. 打造“双创”空间，营造良好社区生态

结合地方主导产业培育，按照数字经济、文化创意等领域特色创业需求，配置孵化用房、共享办公、家居办公（SOHO）等“双创”空间，配套共享厨房、共享餐厅、共享书吧、共享健身房等生活空间，营造社区创新创业良好生态[36]。

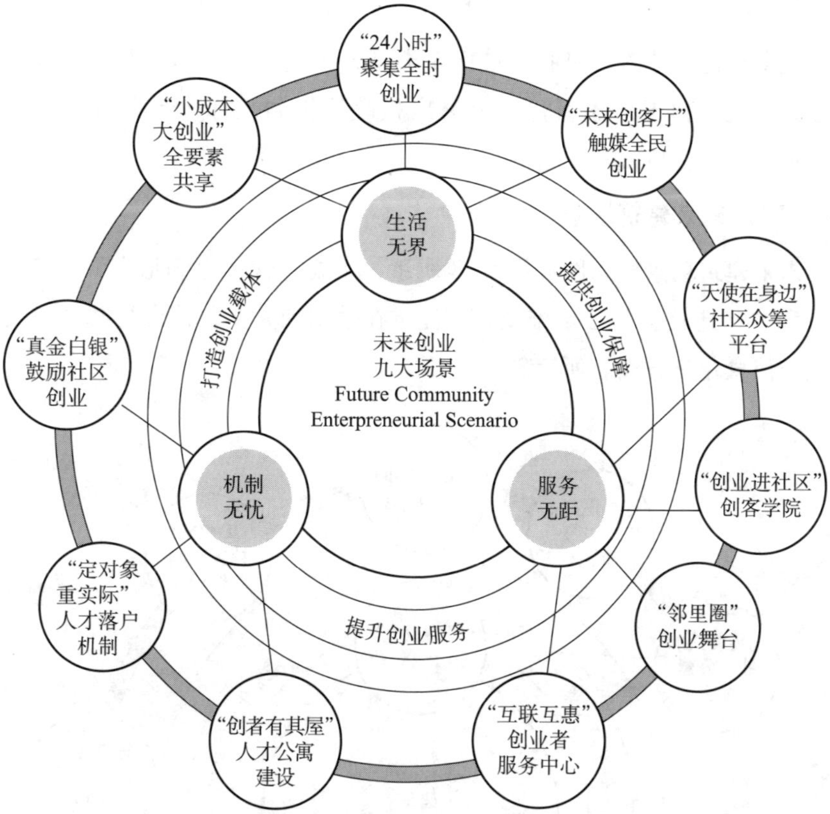

图 6-7　未来创业场景概念图

按照创业产业指向规划建设 300 平方米以上的社区双创空间，并通过低价或免费开放公共办公区域等方式鼓励居民创业。此外配备共享书吧、共享健身房等复合功能生活服务空间，营造良好的创业生活环境。

2. 构建智慧平台，实现供需对接资源共享

依托社区智慧平台，形成共享服务需求与供给零距离对接场景，促进社区资源、技能、知识等全面共享[36]。

依托智慧平台，打造全方位创业答疑解惑的交流空间，提供全方位创业指导、创业资讯服务并逐步完善创业服务机制；提供一线创业融设规划创客学院，促进社区资讯、技能知识共享。

3. 完善特色人才落户机制，吸引人才入住

健全特色人才落户机制，推出多类型人才公寓，采用定对象、限价格等方式，建立利于招才引智的出售出租政策机制，打造各类特色人才社区，吸引更多特色人才安家落户[36]。

（五）未来建筑场景

未来建筑场景概念图如图 6-8 所示，主要包含“空间形态”“建筑产品”和“建造技术”三个维度，其注重在效率和人文、符合与共享以及标准化与信息化三方面有所突破。

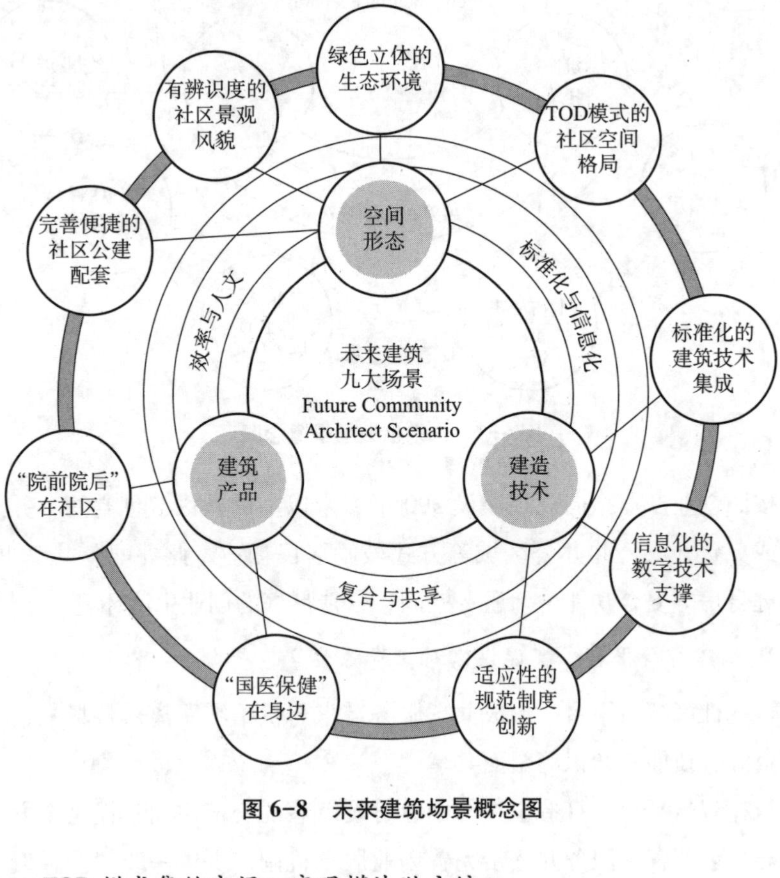

图 6-8 未来建筑场景概念图

1. TOD 模式集约空间，实现模块独立统一

推广集约高效 TOD 布局模式，围绕公交枢纽和轨道交通站点，形成大疏大密布局模式，推动地上地下空间高强度复合开发，统筹做好地下综合

管廊建设衔接[36]。

由项目设计团队对旧社区进行重新空间梳理和规划设计，针对不同类的类型的社区，例如全拆重建类社区和规划改造类社区，进行新的设计规划，根据后期管理模式形成新的格式布局，并进行空间集约，对地上地下空间进行高强度复合开发，使得社区具有相对独立的空间区块，又有联合统一的整体模式。

2. 提高空间利用率，打造绿色宜居宜业空间

打造绿色宜居宜业空间，促进空间集约利用和功能集成，探索弹性功能组合空间模式，优化青年创业公寓、新型养老公寓等配比，推广智慧家居系统应用。建设个性化、泛在化绿色公共空间，提高立体复合绿化率，完善配备服务设施，打造艺术与风貌交融的未来建筑场景[36]。

3. 加强建设管理数字化，推广集成化技术

搭建数字化规划建设管理平台，构建社区信息模型（CIM）平台，实现规划、设计、建设全流程数字化，建立数字社区基底。应用推广装配式建筑、室内装修工业化集成技术[36]。

（六）未来交通场景

未来交通场景概念图如图 6-9 所示，主要体现为“‘人’畅其行”“‘车’畅其道”和“‘物’畅其流”三个层次，其对空间路网的规划、交通的组织与管理、物流服务的智慧集成均包含开放有序的理念。

1. 加强技术智能化，实现 5 分钟停车圈

以车实现 5 分钟取停为目标，统筹车位资源，创新车位共享停车管理机制，推广应用自动导引设备（Automatic Guided Vehicle，AGV）等智能停车技术。完善社区新能源汽车充电设施供给，预留车路协同建设条件，为 5G 环境自动驾驶和智能交通运行留白空间[36]。

2. 优化公共交通网络，实现 10 分钟出行圈

以人实现 10 分钟到达对外交通站点为目标，创新街区道路分级，慢行交通便利化设计，倡导居民低碳出行，通过信息服务实现一键导航、交通无缝衔接，打造居民便捷交通站点出行圈[36]。

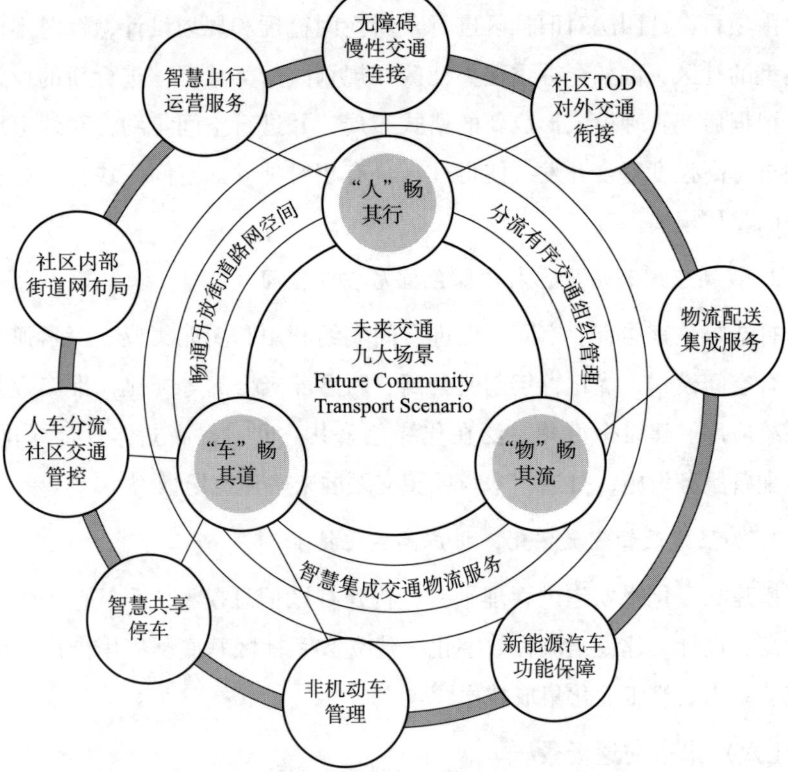

图 6-9　未来交通场景概念图

规划建设道路实行人车分离，慢行道分布为密集的网状道路，以控制路口之间的距离，社区对外交通站点出行乘换设施全覆盖，并在社区利用软件开发交通信息发布功能，为居民设置适合的交通出行方式及路线。

3. 打造智慧配送系统，实现 30 分钟配送圈

以 30 分钟配送入户为目标，运用智慧数据技术，集成社区快递、零售及餐饮配送，打造"社区—家庭"智慧物流服务集成系统[36]。

运营管理企业或集团组织各商铺与专业物流配送企业结盟，打造社区内部独立安全的物流配送系统。结合智能存储柜、机器人配送等新型技术，实现点对点转移配送。

（七）未来低碳场景

未来低碳场景概念图如图 6-10 所示，主要包含"数字化+综合能源系

统”“综合能源资源服务商业模式”和“分类分级资源循环系统”三个方面，其涉及的智慧节能、智慧水务、智慧服务等是技术及其系统集成的体现。

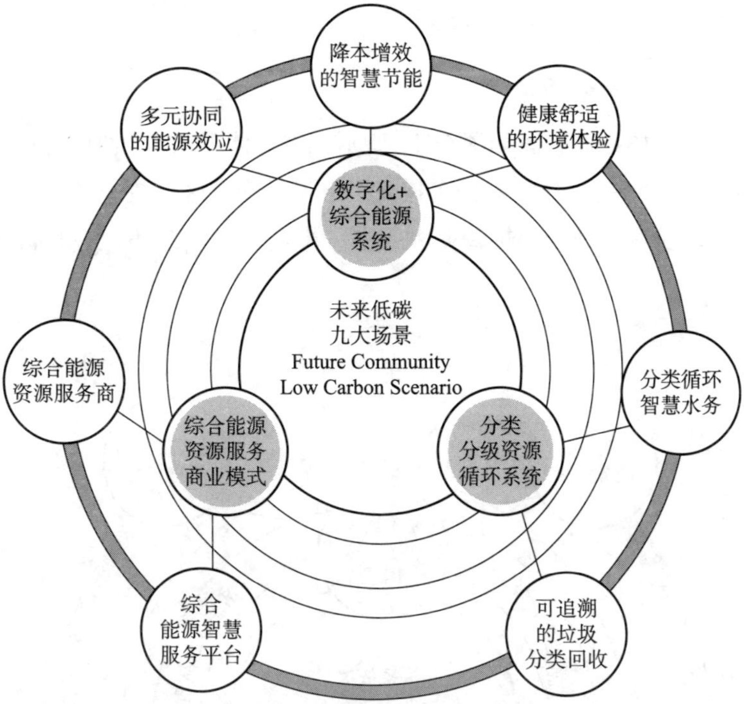

图 6-10　未来低碳场景概念图

1. 优化供能体系布局，打造零耗能社区

打造多能协同低碳能源体系，构建社区综合能源系统，创新能源互联网建设，利用微电网技术，推广近零能耗建筑，建设“光伏建筑一体化+储能”的供电系统、“热泵+蓄冷储热”的集中供热（冷）系统，优化社区智慧电网、气网、水网和热网布局，实现零碳能源利用比例倍增[36]目标。

2. 构建资源循环利用系统，打造无废社区

构建分类分级资源循环利用系统，打造海绵社区和节水社区，推进雨水和中水资源化利用。完善社区垃圾分类体系，提升垃圾收运系统功能，促进垃圾分类和资源回收体系“两网融合”及建筑垃圾资源化利用，打造花园式无废社区[36]。

3. 引进综合能源服务商，实现互利共赢

创新互利共赢模式，引进一体化开发、投资、建设和运营的综合能源服务商，搭建综合能源智慧服务平台，实现投资者、用户和开发商互利共赢，有效降低能源使用成本[36]。

（八）未来服务场景

未来服务场景概念图如图 6-11 所示，主要体现在"'便民惠民'社区服务体系""'平台+管家'服务模式"和"'无盲区'安全防护网"三个要素上，其最终呈现为一种物业零收费、生活服务高品质以及社区安防智无忧的状态。

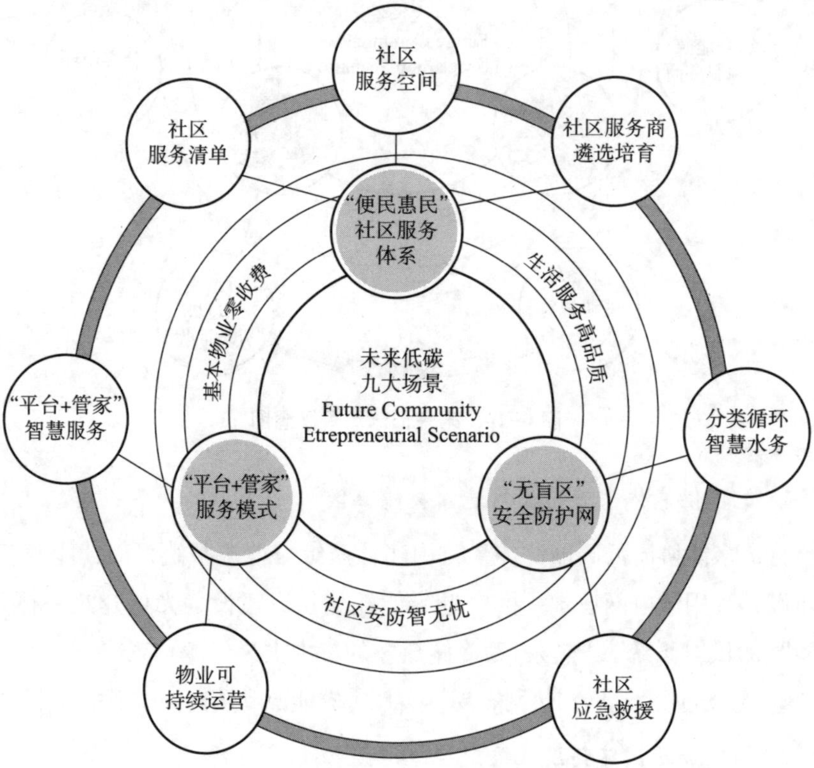

图 6-11　未来服务场景概念图

1. 开发社区软件，推广智慧物业服务

推广"平台+管家"物业服务模式，依托社区智慧平台，按照居民基本物业服务免费和增值服务收费的原则，合理确定供物业经营用房占比，统筹收支平衡[36]。

联合社区经营管理企业或集团开发社区软件，对已入住的租客和住户提供及时的社区活动信息通知更新服务、线上缴费、智能AI管家及时处理房屋问题等服务；对未入住的潜在居民提供线上看房、线上安全签约、修岸上预约看房等服务。

朗诗寓联合软件公司打造瓜山社区软件，打造高品质的租房平台，为租客和未来租客提供了包括上述在内的各项服务；建立便民惠民社区商业服务圈，完善现代供应服务管理，以多层次、高性价比为主要标准，精选各类商业和服务配套最优质的供应商并在社区推广，结合O2O模式应用，鼓励发展一批本土品牌①。

在社区软件内开创社区内部商业服务消费功能，新增各个商铺线上服务预约、线上采购功能服务，实现线上线下商业圈互通。通过广告宣传、减租等策略吸引商铺入驻，对入住的商铺进行筛选，选定商铺入驻社区的同时也入平台，发布相关政策支持本地品牌的培育发展。此外，社区软件还可增加“跳蚤市场”板块，结合O2O模式实现社区居民内部互利共赢。

以瓜山社区为例，虽然软件内部开发较慢，但是已有较为成熟的招商网站以及招商广告，商铺种类丰富，可以满足居民日常生活需求。

2. 社区安全管控科技化，打造安全社区

应用人脸识别等技术，推广数字身份识别管理，建设无盲区安全防护网。围绕社区消防和安全生产，应用智能技术实现零延时数字预警和应急救援[36]。

运用5G技术搭建智能化平台，结合数据收集的人脸身份数据，依靠人脸识别技术实行智能身份识别，打造更加安全的社区环境。引入CIM技术，在建筑内部安装感应器与终端互联，实时检测建筑自身以及内部环境的状况，察觉问题并及时发出警报。

① http://www.pc6.com/az/657657.html

（九）未来治理场景

未来治理场景概念图如图 6-12 所示，主要体现为“公民参与”“社会协同”“智慧治理”和“党建引领”四个维度，其包含多个社区组织，如基金会、志愿者协会等，由党组织领导，通过平台实现和谐建设和治理。

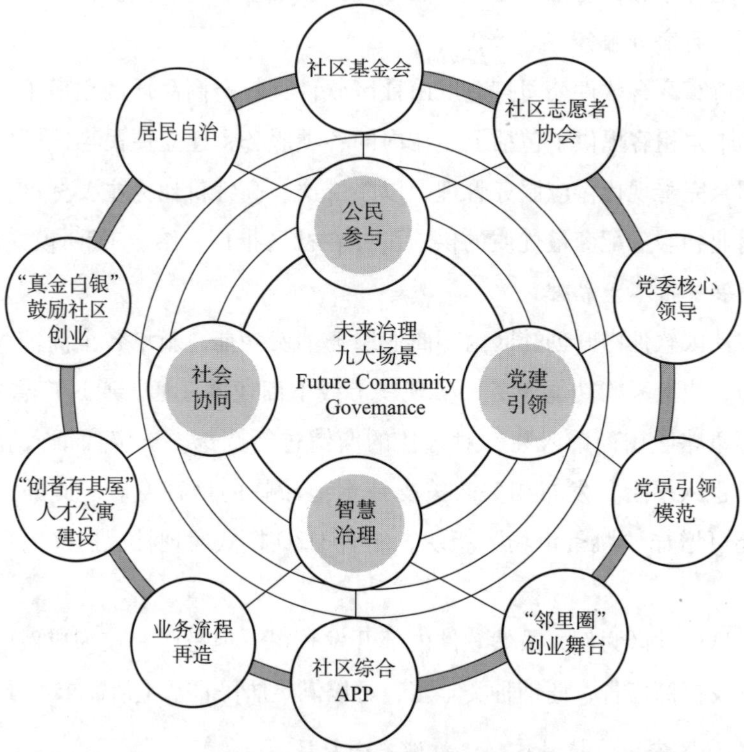

图 6-12　未来治理场景概念图

1. 完善党建带群建制度，推动基层治理

构建党组织统一领导的基层治理体系，完善党建带群建制度，健全民意表达、志愿参与、协商议事等机制，推动党的领导更好嵌入基层治理实践，引领基层各类组织和广大群众积极参与基层治理[36]。

2. 建立基层组织积分制，激发民众热情

采用居民志愿参与的自治方式，构建社区基金会、社区议事会、社区客厅等自治载体和空间，激发多方主体广泛参与社区治理。推行社区闭环

管理和贡献积分制，形成社区民情信息库，并依据积分和民意推举居民作为代表共同管理社区事务[36]。

3. 加强基治平台联动，推进治理现代化

搭建数字化精益管理平台，依托浙江政务服务网和“浙政钉”平台，促进“基层治理四平台”的融合、优化、提升，梳理社区各项任务，强化基层事务统筹管理、流程优化再造、数据智能服务，有效推进基层服务与治理现代化[36]进程。

三、未来社区创建原则

科学有序推进未来社区创建，要坚持四个属性，防止四种倾向①。

一是坚持现代化属性、防止一般化倾向。聚焦数字化、突出新建造、融入新技术、推广新治理，构建面向现代化、面向未来的市民生活场景。

二是坚持家园属性、防止房地产化倾向。注重延续历史文化记忆、加强历史文化遗存保护，建好邻里交往中心、建好公共文化空间、建好美好生活链圈，实现从造房子向造社区、造生活转变，打造有归属感、舒适感、未来感的美好家园。

三是坚持民生属性、防止“贵族化”倾向。集成民生服务、促进创业创新、推动共建共享，将人民拥不拥护、赞不赞成、满意不满意作为衡量工作得失的根本标准，真正让老百姓“搬得进、住得起、过得好”。

四是坚持普惠属性、防止“盆景化”倾向。把未来社区建设理念和要求贯穿到城市旧改新建、有机更新的全过程，丰富创建类型，鼓励百花齐放，加快推动从个案“试点”到面上推广。

四、未来社区创建类型

2021 年，浙江省发展改革委、浙江省建设厅在总结前期未来社区试点经验基础上，提出未来社区创建类型主要为整合提升类、全拆重建类、拆

① 省发展改革委　省建设厅关于开展 2021 年度未来社区创建的通知（浙发改基综函〔2021〕228 号）.

改结合类、规划新建类和全域类①。

（一）整合提升类

针对整体建筑质量与环境品质较好，但离“美好家园”要求还有差距的存量社区，开展整合提升类创建，主要以数字化、智慧化改造和“补短板”式“三化九场景”功能嵌入为主，整合社区现有运营资源，增补优质社区公共服务配套资源，重塑社区生活圈活力。落实未来社区数字社会建设要求，实现场景“线上”智慧化功能全实现、服务应用实施单元全覆盖，并逐步向规划单元延伸覆盖；“查漏补缺”，优化完善软场景设施配置，灵活采取补建、购置、置换、租赁、改造等方式配套相关设施，全面响应约束性指标要求，保障场景设施的普惠共享性，满足向社区全体群众开放要求，确保实现10分钟社区生活圈功能；参照硬场景建设标准要求，酌情实施社区环境和硬件设施的改造提升。

（二）全拆重建类

针对2000年以前建成、普遍采用多孔板建材、存在较大安全隐患的住宅小区，开展全拆重建类创建，以建设具有浙江特色的高级改造形态为目标，系统打造“三化九场景”体系，积极落实建设运营一体化，兼顾未来发展适度留白，实现“一次改到位”。

（三）拆改结合类

针对存在质量安全隐患的老旧小区与品质较好的住宅小区混杂的社区，开展拆改结合类创建。统筹协调保留与拆建区域，实施城镇老旧小区改造与片区联动城市有机更新相结合，系统性开展“三化九场景”功能与业态植入，保留部分参考整合提升类方式，拆建部分参考全拆重建类方式。通过统一的线上未来社区智慧服务平台，叠加邻里中心和公共服务空间等线下设施，将旧改新建区域整合于一体，实现线上线下服务设施全社区普惠共享，构建较完备的社区生活圈。

---

① 省发展改革委 省建设厅关于开展2021年度未来社区创建的通知（浙发改基综函〔2021〕228号）。

（四）规划新建类

依托浙江省重大发展平台，优先在人口集聚潜力大、公共交通便捷、地上地下空间复合开发禀赋好的城市发展核心区中开展新建类创建规划，系统性打造“三化九场景”体系，立足投资建设运营一体化，全方位探索新文化、新技术、新业态、新模式创新与应用，逐步形成“引领型”的社区规划建设标准体系，打造未来生活方式变革的美好家园示范标杆。

（五）全域类

在条件成熟的相对独立城市区域或主要平台范围，全域响应未来社区建设理念、标准和模式，开展全域类创建，系统制订未来社区创建中长期规划和实施计划，滚动实施、整体推进包含整合提升、全拆重建、拆改结合、规划新建等在内的多类别创建项目群建设。全域未来社区一方面需参照前四种类型做好单点上的创建工作，另一方面需统筹创建项目群的城市公共服务功能，突出共建共享，发挥协同效应，构建完善的九大场景功能空间“拓扑网络”和“城市大脑”系统。

第三节 浙江省未来社区建设现状

自提出建设“未来社区”目标以来，浙江省努力将目标逐步落实。2019 年以来，从分步创建项目试点名单到逐步至全面试点动工，浙江省未来社区建设已取得一定的成就，诞生了不少优秀的“未来社区最佳实践”案例，为其他试点做出了榜样。此外，还有专业的企业与平台携带大量资金竞相参与进来，为浙江省未来社区建设助一份力。

一、未来社区试点简介

通过对各地申报项目多轮评审、综合比选，浙江省发展改革委确定了首批未来社区试点创建项目建议名单。2019 年 6 月 27 日，浙江省发展改革委对浙江省首批 24 个未来社区的名单进行了公示。24 个项目涉及直接受益居民约 122 600 人，计划引进各类人才约 62 700 人①。2020 年 7 月 15 日，浙江省发展改革委公布了浙江省第二批未来社区试点创建项目名单，共有 36 个试点②。

据统计，2020 年浙江省的 11 个市已共有 60 个未来社区的社区试点。其中宁波首批 2 个，第二批 2 个；杭州首批 7 个，第二批 4 个；台州首批 2 个，第二批 5 个；温州首批 4 个，第二批 4 个；丽水首批 1 个，第二批 4 个；衢州首批 1 个，第二批 1 个；金华首批 3 个，第二批 4 个；绍兴首批 1 个，第二批 4 个；嘉兴首批 1 个，第二批 4 个；湖州首批 1 个，第二批 3 个；舟山首批 1 个，第二批 1 个，如图 6-13 所示。

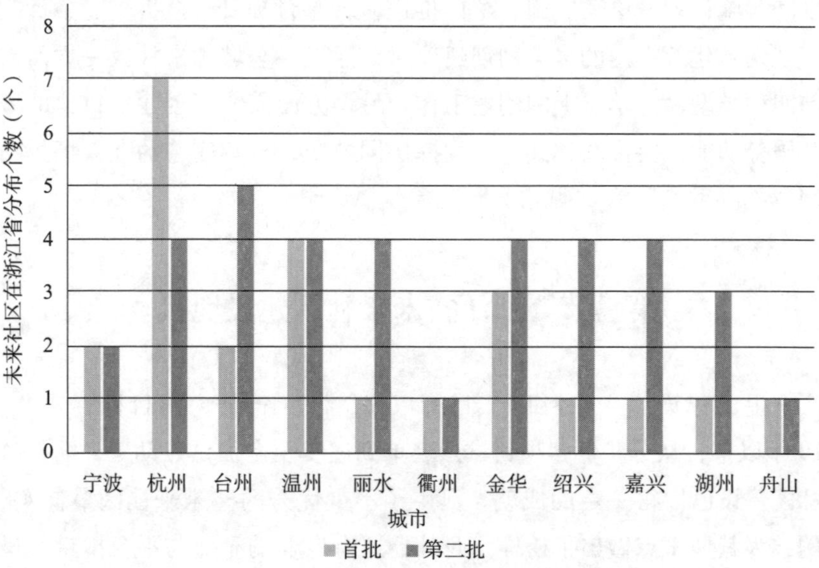

图 6-13　未来社区在浙江省各市分布数量情况

资料来源：作者绘制。

根据不同的情况，60 个未来社区试点分为改造更新类、全拆重建类、局部改建类、规划新建类、全域类和乡村类六种类型。按要求，各个未来社区试点都要秉承以人民美好生活向往为中心，坚持三化九场景系统配置

① 《省发展改革委关于公布首批未来社区试点创建项目名单的通知》（浙发改基综〔2019〕363 号）。

② 《浙江省第二批未来社区试点创建项目名单公示》。

要求，即“139”。

二、未来社区建设概况

（一）初步建设成果

截至2020年8月31日，首批24个未来社区试点工作按照创建要求和时间节点有序加快推进。其中，始版桥社区、瓜山社区、七彩社区、亚运社区、云帆社区、集新社区、富春社区、南湖社区、雅林社区、岭塘社区、鸿雁社区、下车门社区、田川社区、礼贤社区、心海社区、灵山社区16个试点已全面开工，接下来要进一步加强统筹协调、压实标准要求、优化施工组织，确保完成全年投资任务。荷花塘社区、之江社区、划船社区、白鹤社区、角里社区、山嘴头社区、城西社区、沙北社区8个未全面开工的试点要进一步增强使命感与责任感，抓紧倒排计划、狠抓关键环节，确保早日全面开工①，如表6-1所示。

表6-1　首批试点建设进展情况汇总（截至2020年7月14日）

项目名称	拆迁工作已启动	拆迁工作已完成	启动区块已开工	实施方案已评审	土地已出让	已全面开工	试点主体
始版桥社区	√	√	√	√	√		上城区人民政府
荷花塘社区	√	√	√	√			江干区人民政府
瓜山社区	—	—	√	—	—	√	拱墅区人民政府
之江社区	—	—	—				西湖区人民政府
七彩社区	√	√	√	√			萧山区人民政府
亚运社区	—	—	√	—	√	√	
云帆社区	—	—	—	√	√		钱塘新区管委会
划船社区	√						鄞州区人民政府
白鹤社区	√						
集新社区	√	√	√	√	√		鹿城区人民政府
富春社区	√	√	√	√	√	√	龙湾区人民政府
南湖社区	√	√	√	√	√	√	瓯海区人民政府

① 《速览！首批未来社区试点哪些已全面开工？》，浙江发改微信公众号。

续表

项目名称	拆迁工作已启动	拆迁工作已完成	启动区块已开工	实施方案已评审	土地已出让	已全面开工	试点主体
雅琳社区	√	√	√	√	√		永嘉县人民政府
頔塘社区	√	√	√	√			南浔区人民政府
甪里社区	√	√	√				南湖区人民政府
鸿雁社区	√	√	√	√	√	√	上虞区人民政府义
下车门社区	√	√	√	√	√		义乌市人民政府
田川社区	√	√	√	√			永康市人民政府
山嘴头社区	√	√	√	√			金华经济技术开发区管委会
礼贤社区	√	√	√	√	√	√	衢州市人民政府
城西社区	√	√	√	√			定海区人民政府
心海社区	√	√	√	√	√	√	椒江区人民政府
沙北社区	√	√	√	√	√		台州湾循环经济产业聚集区管委会
灵山社区	√	√	√	√	√	√	丽水市人民政府

注：建设进展节点顺序按从左至右排列，"√"表示该环节已完成，"—"表示无该环节

资料来源：浙江省发展和改革委员会。

从表6-1中可以看出，许多地区的未来社区试点都已全面展开工作，但鄞州区人民政府管理的宁波鄞州划船社区和白鹤社区，获批成为首批未来社区后的一年多以来，进展一直不明显。划船、白鹤两个未来社区试点项目，是浙江全省首批试点项目中唯一完全未启动拆迁的大体量、多小户、密集型老旧小区，且又采取的是原地拆迁安置的形式，缺乏经验，一方面需要与过往征迁安置工作保持政策上的平衡，同时还要达成整个项目的资金平衡，因此导致项目推进缓慢。据宁波市发展改革委在民生e点通问政平台上回复网友时所述，对于这两个首批未来社区项目，政府决定依次展开工作，划船社区项目先实践，取得突破后白鹤社区项目再进行学习跟进。目前，鄞州区已形成划船社区的征收方案，不过方案尚未最后确定①。

① 宁波民生e点通。

与此同时，各基层进行实践创新，打造了“未来社区最佳实践”案例，形成了一批可复制和推广的经验成果。在科学统筹推进建设方面，金华市高质量编制了三年行动计划，台州市科学统筹谋划储备未来社区试点项目，衢州市组建专班推进未来社区建设。在务实高效做好拆迁工作方面，柯城区制订了合理有序的回迁安置组织实施方案，并制定科学合理的拆迁政策。在利用创新技术方案方面，萧山瓜沥社区先行试用TOD复合交通系统，将工作、居住、商业、文化等功能整合于一体；温州吸收多方专家意见，建立智库平台。在规范、有序推动土地出让方面，丽水市明晰了实施土地带方案出让的路径，制订与实施了履约监管协议。在整合各方力量合作共赢方面，杭州上城始板桥社区广泛动员居民共谋、共商、共建未来社区；鹿城集新社区与央企合作，推动“央地共建”。在做好资金保障方面，湖州市从政府、企业等得到全方位资金支持①。

（二）资金投入和参与企校

截至2020年8月底，首批24个试点基本实现启动区块开工建设，其中16个全面开工建设，完成投资336.6亿元，占年度计划的76.4%②。查阅各地区的投入资金可以发现，萧山亚运社区、义乌下车门社区以及西湖之江社区等与国际接轨或较为繁华地区投入资金更多。

同时，浙江省政府举办了央企、名企走进“四大”建设·携手共建未来社区活动，共有中国建筑等9家央企、60多家名企参加，共签建设合作协议53个，涵盖建设实施、场景落地、融资授信等多个方面。截至9月15日，有34项协议落地实施。在此之上为了加强社区建设背后的产业发展和理论研究的支撑，浙江省成立了由阿里巴巴牵头、300多家企业组成的未来社区产业联盟，成立了由省发展规划研究院牵头、25家大院名校组成的未来社区发展研究中心，并进行了合作运营，汇聚市场和社会的力量[32]。

数字化是未来社区价值坐标维度之一，未来社区数字化平台由社区信息管理CIM平台和社区智慧服务平台组成。依托CIM平台，实现未来社区

① 浙江发改微信公众号“最佳实践”专题推文。

② 《郑栅洁代省长谈未来社区：共商共建未来社区　共创共享美好生活》浙江发布。

规划建设阶段的数字化应用和可视化管控；依托智慧服务平台，实现社区运营管理阶段的面向居民、物业、政府等不同主体的系统化解决方案。作为社区的全信息数字平台，CIM 平台基于三维 GIS 底图，结合 BIM 技术，集成数字化规划、设计、征迁、施工管理，不仅是实践未来社区数字化建设工作的重要工具，更作为数据承载汇聚者，对迭代构筑浙江省数字城市具有深远意义。同时，阿里巴巴与筑家易共同搭建了未来社区智慧服务平台，该平台基于阿里云智能 IoT、支付宝、钉钉的生态能力，面向街道、面向居民、面向第三方物业服务企业，以阿里强大的生态能力响应未来社区九大场景。平台预集成了 60 多种品类设备和 30 多种集成系统，整合了 270 多个智能人居场景应用，可以帮助社区轻松实现设施设备数字化的管理，帮助社区居民、管理者、应用开发者打造丰富的智能化应用场景，实现全生活链场景的数字化、在线化①。

中国铁建也积极参与浙江省未来社区项目，作为央企，以责任感与实力投身未来社区建设。2020 年 5 月 9 日，中铁建城市开发有限公司以 55.28 亿成功竞得浙江省温州市鹿城区集新社区一期地块②；10 月 15 日，由中铁建城市开发有限公司牵头，联合中铁十一局集团、中铁建投资基金管理有限公司等单位，中标总投资 108.37 亿元的浙江丽水灯塔社区片区综合开发项目③。

第四节　浙江省未来社区建设小结

一、政府引导，市场推动

未来社区建设现阶段是试点的实践和经验积累的阶段，按照政府“谋划一批、储备一批、成熟一批、启动一批”思路，前几批试点总结建设经验后，将开始“增点扩面”、复制推广试点的优秀经验，推进未

① 未来社区产业联盟第一届成员大会暨智慧服务平台上线试运行会议。
② 《坐标浙江，定位未来！中国铁建首个“未来社区”项目落地》，中国铁建公众号。
③ 《108.37 亿！中国铁建浙江再拿综合开发项目》，中国铁建公众号。

来社区的全方位发展。未来社区在不断地完善建设体系，建立了“139”工作体系，制订未来社区建设各项指标，积极开展在公交TOD、数字服务和装配式建筑等新领域的研究。在实际项目推动阶段，大量的社会企业参与进来，协助成立了未来社区产业联盟、未来社区发展研究中心等机构，带来了充足的资金与先进的平台，为未来社区的建设提供了保障。

二、理念先行，技术创新

在结合自身发展的基础上，浙江省未来社区建设吸收了先进的国际未来社区建设理念，形成了以满足人民美好生活向往为中心，聚焦人本化、生态化、数字化三维价值，突出高品质生活主轴，有归属感、舒适感、未来感的新型城市功能单元的理念，为未来社区建设指明了正确的方向，促进未来社区的建设与发展。

首先，理念、资金与技术是未来社区工作所必需的，优秀的政策和机制支持也是必不可少的。自2018年，浙江省陆续发布了一系列核心指导政策，包括《关于贯彻全省大湾区大花园大通道大都市区建设行动计划的实施意见（征求意见稿）》《浙江省未来社区建设试点工作方案》和《浙江省未来社区试点建设管理办法（试行）》，给予未来社区建设工作强大的支持。其次，浙江省在数字化建设未来社区的过程中，引入了全过程工程咨询服务，建立“部门协同、省地联动和智库支撑”的反馈机制，通过配套政策赋能和产业服务创新等多措并举，让试点工作得到了高质量且深入地开展。此外，浙江省在推进未来社区数字化建设的过程中，依托CIM平台，重点开展了未来社区规划建设阶段的数字化应用和可视化管控，整合社区资源，集成“场景应用”，提升社区服务的精细化和精准化水平。这些都为浙江省未来社区建设工作的展开提供了有力的支撑。

三、因地制宜，特色凸显

在建设方面，各个地方未来社区试点也在进行因地制宜的改造创新。

各个未来社区的建设项目规划案例，大多都是根据当地的历史文化、人文地理进行创新改造的，最终形成具有当地特色的未来社区。建设未来社区，前人的经验只能是借鉴，不能一味地照搬照抄，要因地制宜，充分考虑现有资源和优势，科学合理布局规划，做到个性和共性相统一，创建属于自己的独特的未来社区。

第七章　五洲·千城未来社区建设实践

第一节　五洲·千城未来社区建设参与概况

一、浙江省未来社区试点建设全过程工程咨询服务指南

2020 年 8 月，为规范和指导未来社区试点建设项目，开展全过程工程咨询，充分发挥全过程工程咨询服务对未来社区试点建设的支撑作用，浙江省发展改革委印发《浙江省未来社区试点建设全过程工程咨询服务指南（试行）》（以下简称《指南》）。《指南》规定：按照不同建设内容赋码情况，试点可由一个或若干个工程建设项目（以下简称赋码项目）组成，未来社区试点建设全过程工程咨询服务（以下简称试点全咨服务）针对相关特点，采用“1+N+X”方式组织。

“1”为综合性咨询，贯穿试点建设全周期并覆盖全部赋码项目，是未来社区试点建设的核心咨询服务。综合性咨询宜从申报阶段开始，由下列内容构成：试点选址咨询、场景系统咨询、资金平衡咨询、技术体系管理咨询、实施方案管理、土地供给与履约监管咨询、运营管理与评估考核咨询。

“N”为前期专项咨询，是土地供应前未来社区试点建设除综合性咨询以外的必要的、关联性强的各类咨询服务事项，包括但不限于以下服务内容：征迁安置方案咨询、申报方案编制、规划研究咨询、专项政策研究咨询、土地使用权转让方案咨询、试点投融资咨询、建设条件单项咨询。

“X”为工程建设专项咨询，是土地供应后未来社区试点建设可能涉及

的、以单个赋码项目为主体的各类咨询服务事项，包括但不限于以下内容：项目报审咨询、工程勘察咨询、工程设计咨询、招标（采购）咨询、工程造价咨询、工程监理与施工项目管理。

试点全咨服务应包含综合性咨询的全部内容，以及按需在菜单式的前期专项咨询和工程建设专项咨询的服务事项中选择有关内容。试点实施主体可按现行法律法规规定，另行委托其他咨询机构承担前期专项咨询的服务事项。鼓励试点相关建设用地单位将工程建设专项咨询服务一并委托全咨单位承担。

二、五洲·千城未来社区建设参与情况

围绕浙江省全面推动未来社区建设的新目标，浙江五洲工程项目管理有限公司（以下简称五洲管理）、杭州千城建筑设计集团股份有限公司（以下简称千城建筑）紧跟浙江省政府政策方向，迅速反应，依托公司总的研发体系优势，专门设立未来社区研发服务中心，以打造“未来社区建设专业服务商”为目标，以“记得住过去，看得见未来，让社区更美好”为理念，为未来社区建设开展研究工作。自 2019 年以来，五洲管理和千城建筑共参与 25 个未来社区的全过程工程咨询服务，见表 7-1。

表 7-1　五洲·千城未来社区全过程工程咨询服务内容

序号	项目名称	全过程工程咨询服务内容			设计服务内容（包括申报方案或实施方案）
		1（综合性咨询）	N（前期专项咨询）	X（工程建设专项咨询）	
1	金华金开区山嘴头社区	实施方案管理、运营管理与评估考核咨询	试点投融资咨询	项目报审咨询、工程勘察咨询、工程设计咨询、招标（采购）咨询、工程造价咨询、工程监理与施工项目管理咨询	申报方案

续表

序号	项目名称	全过程工程咨询服务内容			设计服务内容（包括申报方案或实施方案）
		1（综合性咨询）	N（前期专项咨询）	X（工程建设专项咨询）	
2	温州永嘉雅林社区	技术体系管理咨询、实施方案管理、运营管理与评估考核咨询	专项政策研究咨询、试点投融资咨询	项目报审咨询、工程造价咨询、工程监理与施工项目管理咨询	—
3	绍兴上虞鸿雁社区	技术体系管理咨询、实施方案管理	规划研究咨询	项目报审咨询、招标采购咨询、工程造价咨询、工程监理与施工项目管理	—
4	金华永康田川社区	试点选址咨询、场景系统咨询、资金平衡咨询、技术体系管理咨询、实施方案管理、土地供给与履约监管咨询、运营管理与评估考核咨询	征迁安置方案咨询、申报方案编制规划研究咨询、专项政策研究咨询、项目可行性研究、试点投融资咨询、建设条件单项咨询	工程监理、造价管理	—
5	台州路桥凤栖未来社区	—	—	—	实施方案
6	台州椒江心海社区	—	—	工程监理、造价管理	—
7	温州龙湾富春社区	—	—	工程监理、造价管理	—
8	金华东阳槐堂社区	实施方案管理、运营管理与评估考核咨询	—	工程项目管理，工程设计，勘察、设计咨询，工程监理，造价管理	—
9	台州黄岩东浦社区	场景系统咨询、资金平衡咨询、技术体系管理咨询、实施方案管理、土地供给与履约监管咨询、运营管理与评估考核咨询	专项政策研究咨询、土地使用权转让方案咨询	—	—

续表

序号	项目名称	全过程工程咨询服务内容			设计服务内容（包括申报方案或实施方案）
		1（综合性咨询）	N（前期专项咨询）	X（工程建设专项咨询）	
10	温州瑞安永胜门社区	资金平衡咨询、运营管理与评估考核咨询	专项政策研究咨询	项目报审咨询、工程造价咨询、工程监理、施工项目管理	—
11	绍兴越城薛渎社区	实施方案管理	征迁安置方案咨询、规划研究咨询、专项政策研究咨询、土地使用权转让方案咨询、试点投融资咨询、建设条件单项咨询	—	申报方案+实施方案
12	绍兴嵊州白莲堂未来社区	—	—	—	实施方案
13	绍兴柯桥福全金三角社区	试点选址咨询、场景系统咨询、资金平衡咨询、技术体系管理咨询、实施方案管理、土地供给与履约监管咨询、运营管理与评估考核咨询	专项政策研究咨询	项目报审咨询、工程设计咨询	申报方案+实施方案
14	金义新区石泄社区	场景系统咨询、资金平衡咨询、技术体系管理咨询、实施方案管理、土地供给与履约监管咨询、运营管理与评估考核咨询	规划研究咨询、专项政策研究咨询、试点投融资咨询、项目可行性研究咨询、建设条件单项咨询	项目报审咨询、工程监理、全过程造价管理（"X"存在不确定性）	—
15	衢江区望江苑未来社区	场景系统咨询、技术体系管理咨询、实施方案管理、运营管理与评估考核咨询、其他	专项政策研究咨询、建设条件单项咨询	—	—

续表

序号	项目名称	全过程工程咨询服务内容			设计服务内容（包括申报方案或实施方案）
		1（综合性咨询）	N（前期专项咨询）	X（工程建设专项咨询）	
16	衢江区樟潭古埠未来社区	场景系统咨询、资金平衡咨询、技术体系管理咨询、实施方案管理、土地供给与履约监管咨询、运营管理与评估考核咨询、其他	规划研究咨询、专项政策研究咨询、土地使用权转让方案咨询、试点投融资咨询、建设条件单项咨询	—	—
17	嘉兴秀洲区运河未来社区	—	—	—	申报方案
18	嘉兴经开区（国际商务区）新江南社区	—	—	—	申报方案
19	湖州长兴齐北社区	—	—	—	申报方案
20	杭州滨江冠山社区	—	—	—	申报方案
21	杭州滨江东信社区	—	—	—	申报方案
22	绍兴大渡未来社区	—	—	—	未来社区城市设计方案
23	绍兴柯桥羊山未来社区	—	—	—	申报方案
24	开化凤凰新城未来社区	—	—	—	申报方案
25	宁波宁海双水未来社区	—	—	—	申报方案

第二节 绍兴越城薛渎棒球未来社区建设实践

一、项目背景

本项目位于柯桥区与越城区的交界处，紧靠城市副中心，符合绍兴城市规划中的“山—湖—江—湾”等构成的南北向城市综合发展轴，且处于两廊之一的北部创业创新发展带，集合了各区域的城市核心、重点产业发展区，是未来绍兴主要的产业高地，为本地块发展提供了交通、产业经济等各项优势条件。本项目基地承担未来社区中棒球主题社区、体育文化中心、商业商务中心等功能，创建 5 分钟运动生活圈；基地南面分布棒球特色小学、邻里中心等公共设施，可配置片区级商业商务设施，完善创业、生活、工作三大支撑系统；以水系为路径，串联景观节点、绿地，打造文体活力丝带，加强各功能区块之间的联系，与未来社区所要打造的九大场景非常契合。绍兴越城薛渎棒球未来社区项目规划如图 7-1 所示。

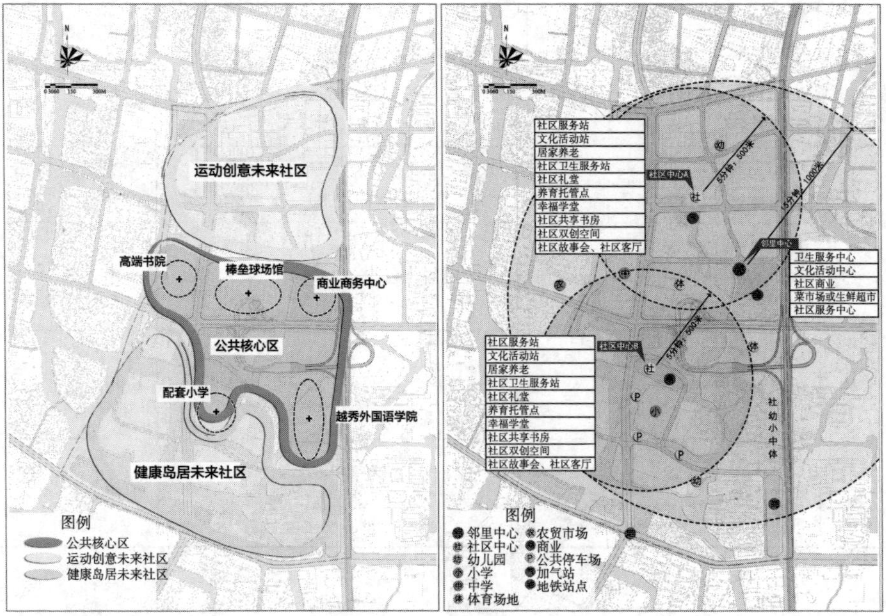

图 7-1 项目规划示意

本项目实施单元不含水域用地面积约为 22.9 公顷，镜水路以东，裕民路以南，绍齐公路（大越路）以西，兴越路以北，紧邻亚运会棒垒球场，场地内有水系贯穿。实施单元距离绍兴北站直线距离约 2.1 公里，距离最近地铁站约 0.8 公里。绍兴越城薛渎棒球未来社区实施与规划单元如图 7-2 所示。

图 7-2　实施与规划单元

本项目实施单元周边已有幼儿园、中小学、技术学院等教育设施，中国医科大学绍兴医院、中医院、图书馆等医疗文化设施，公园、市民广场等绿地广场设施；高铁商务区、高铁物流区、科教文化区等配套实施齐全；周边为成熟区块，具有一定设施基础，东北侧发展潜力较大，需考虑公共性、使用性需求；距离地铁站较近的区域可结合周边交通及轨交站进行设计；场地内规划建设棒（垒）球馆可考虑居住区主体特征与球馆相结合。

二、项目定位

本项目的口号为"韵·承古越，动·载未来"，目标为从生态、体育、宜居三方面打造一个以棒垒球为特色，生态乐活宜居的国际型运动文化社区。以“139”顶层设计为核心观点：“1”，即1个中心，以满足人民对美好生活的向往为中心，实现美好生活零距离；“3”，即人本化、生态化、数字化三维价值；“9”，即九大未来场景。

本项目从以下四方面创建项目目标：①山河生境——以“河”为源，打造滨水文脉轴，丰富水乡文化，从生态宜居出发，让城市拥抱自然；②协同合作——以“合”为骨，打造康体运动网，承载亚运精神，植入全民参与的运动空间，树立健康生活理念；③和谐共享——以“和”为底，打造聚融邻里中心，围绕未来社区建设的九大场景创新要求，满足人们对未来生活的美好向往；④汇融核心——以“核”为心，形成共享活力环，打造一个以棒垒球为特色，生态乐活宜居的国际型运动文化社区。项目目标定位如图 7-3 所示。

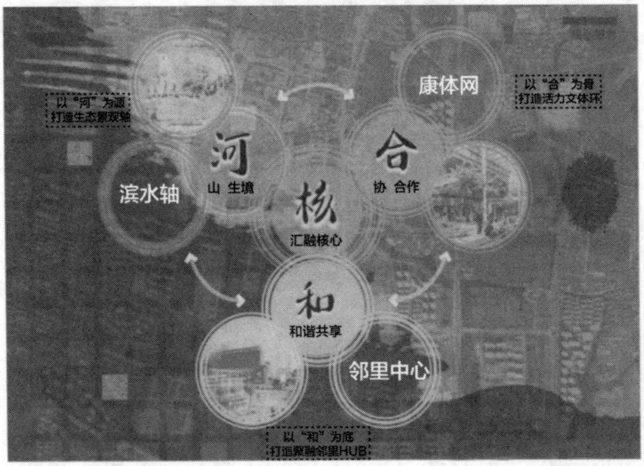

图 7-3 目标定位

三、空间布局与形态

项目采用“一核两心一轴一环多组团”的规划结构（图 7-4），以“体育综合体”为核心，“滨水景观轴”贯穿整个实施单位，并和邻里中心、两个副邻心、公寓组团等多组团共同形成“活力环”。

1. 一核——体育综合体

康体运动网中相关设施包括棒垒球运动场馆和社区运动配套，并针对

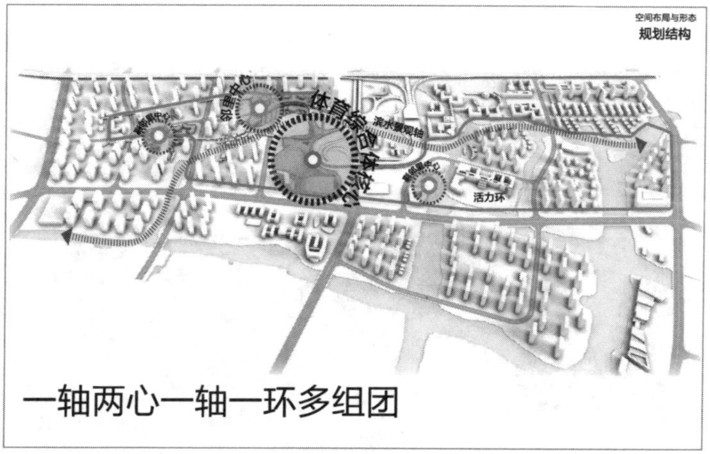

图 7-4 项目规划结构示意

不同人群设计打造了骑行、跑步、慢行、游览四条路线（图 7-5），是对全民开放、配套齐全的活动场地。结合教育机构形成未来棒（垒）球教育与推广、结合周边商业形成未来商业综合体、结合养老设施形成未来一站式养老社区模式，旨在让居民感受体育文化，树立健康生活理念。

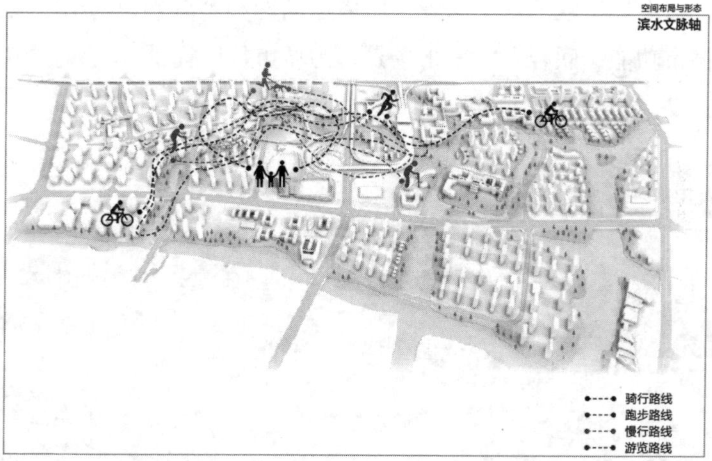

图 7-5 针对不同人群打造的四条路线示意

2. 两心——两个聚融邻里中心

一级邻里中心的生活服务中心、商业中心、体育中心等一级商业配套 HUB 为居民创造了良好的生活环境。

3. 一轴——滨水文脉轴

集中九大场景公共配套服务点，强化片区服务功能，串联起邻里河群公园、水乡老街、商业新街和棒垒球公园。滨水文脉轴如图 7-6 所示。

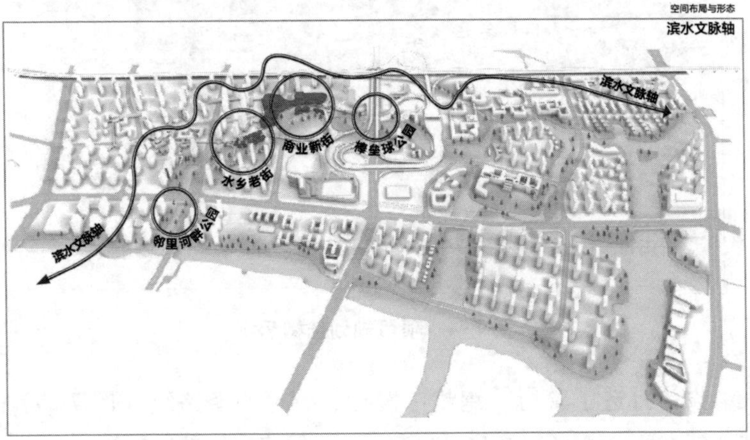

图 7-6　滨水文脉轴示意

4. 一环——共享活力环

共享活力环串联滨水文脉轴、康体运动网和聚融邻里 HUB，结合高度融合的城市功能，联合九大未来场景，为城市片区提供 24 小时城市共享活力环（图 7-7）。

图 7-7　共享活力环

四、功能配置与建设内容

此未来社区通过原有城市基建提供成熟服务，通过亚运会棒球馆和科教文化区形成开放共享的文体核心，通过城市高铁站、临近的地铁站构建区域融合的活力引擎，再通过实施单元内部设计实现智慧创新的未来社区，并依托规划结构和建筑空间，再现九大场景。打造以亚运棒球场景为主导，以邻里、教育、交通为核心的，具有“1+3+6 特色场景”的未来社区。构建未来社区 10 分钟生活圈模块，形成“18+N”场景落地，如图 7-8 所示。

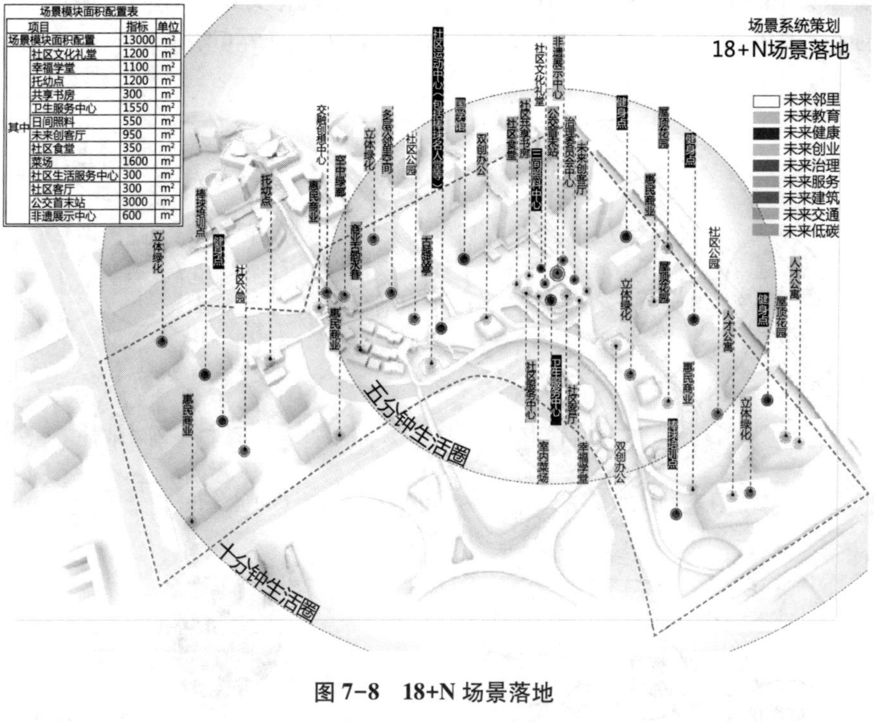

场景模块面积配置表

项目		指标	单位
场景模块面积配置		13000	m²
其中	社区文化礼堂	1200	m²
	幸福学堂	1100	m²
	托幼点	1200	m²
	共享书房	300	m²
	卫生服务中心	1550	m²
	日间照料	550	m²
	未来创客厅	950	m²
	社区食堂	350	m²
	菜场	1600	m²
	社区生活服务中心	300	m²
	社区客厅	300	m²
	公交首末站	3000	m²
	非遗展示中心	600	m²

图 7-8 18+N 场景落地

1. 人本化

空间设计从实际出发，依托绍兴的文化积淀、历史古迹，从城市规划、建筑布局、景观设计等打造传承历史的空间载体，并以人为本，结合社区居民的需求与行为营造邻里特色，重塑历史传承的人文社区，建设空间宜人的宜居社区，营造乡愁市井的精神社区。

2. 生态化

规划充分考虑周边规划与本规划单元的空间衔接，建立人与自然相互交融的生态系统，充分利用贯穿整个地块河流带来的城市慢行绿廊，通过环绿道漫步环将生态资源与社区生活融为一体。社区内采用绿色建筑建设标准，降低全生命周期的碳排放；通过海绵城市的技术充分回收雨水资源，减少地表径流；利用屋顶露台等发展垂直绿化，建立立体的生态循环。

3. 数字化与智慧管家平台

本规划单元将结合已有的数字化智慧系统，依托“平台+管家”在交流、互助、教育、医养、创新、交通等方面架构全方位的智能化平台。通过建立城市数字化模型，配置智能化全天候监管平台，降低运营成本，提高效率，排除安全隐患，保障社区生活有序开展。架构系统化交互终端，提高社区管理的数字化水平。未来社区“三化”设计示意图如图 7-9 所示。

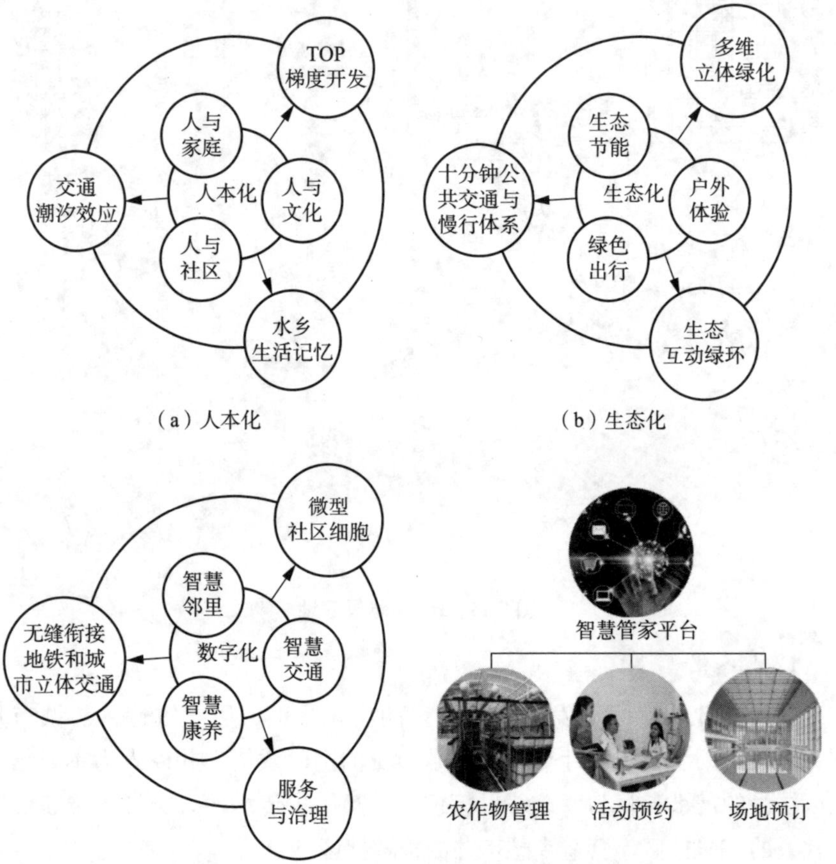

（a）人本化　（b）生态化

（c）数字化　（d）智慧管家平台

图 7-9　未来社区“三化”设计及智慧管家平台示意

根据社区内不同人群的需求，设计针对不同人群的场景，如图 7-10 所示。

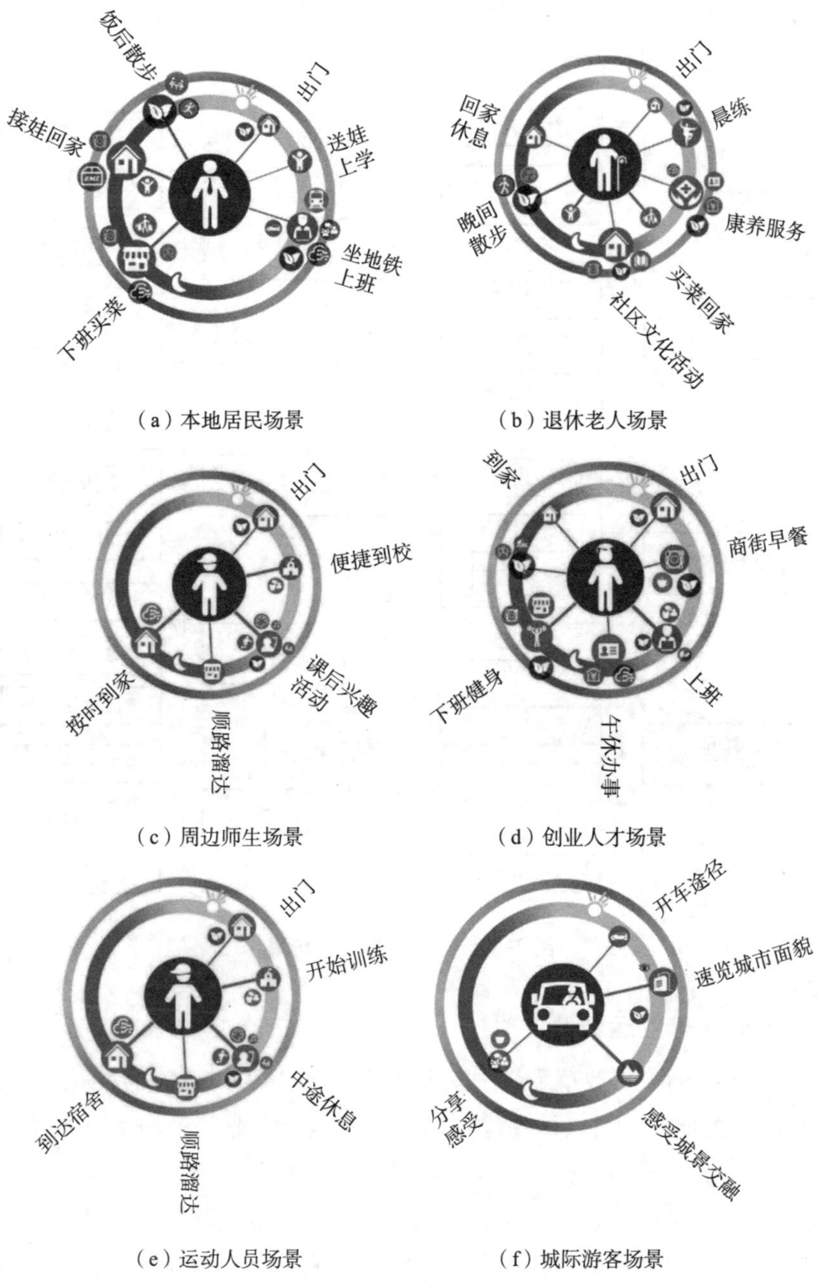

（a）本地居民场景　（b）退休老人场景

（c）周边师生场景　（d）创业人才场景

（e）运动人员场景　（f）城际游客场景

图 7-10　人群场景

五、场景系统设计

根据项目定位、特色并结合未来社区功能配置等，对未来社区九大场景进行了详细规划与设计（图 7-11）。

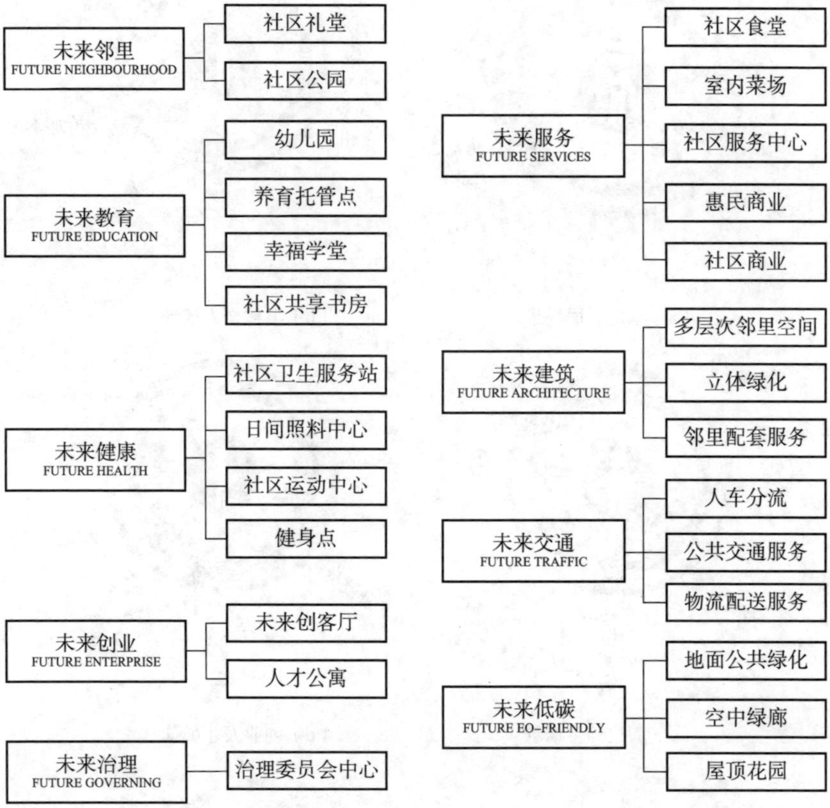

图 7-11 未来社区九大场景

（一）未来亚运场景

基于浙江省发展改革委鼓励挖掘在地文化禀赋，打造九大场景基础上“X 场景”的要求，绍兴棒垒球社区依托亚运会专业赛事场馆设施及棒球主题公园，充分挖掘“棒球”文化特色，打造集赛事承办、后亚运时代的产业运营、社区生活联动的亚运特色场景。未来亚运场景以“赛事运动”为活力核心，设置共享健身、商业消费、技术应用、休闲娱乐、产业培育五大活力节点。运动赛事综合体示意图如图 7-12 所示。

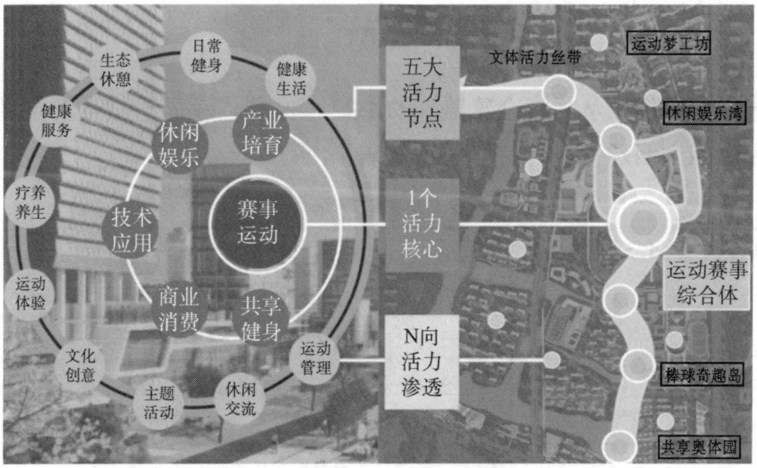

图 7-12　运动赛事综合体

（二）未来邻里场景

未来邻里场景从邻里特色文化、邻里开放共享和邻里互助生活三方面建立评价指标体系（表 7-2）。

表 7-2　未来邻里场景评价

一级指标	二级指标	指标性质	指标内容
未来邻里指标	邻里特色文化	约束性	打造社区特色文化公园
			明确社区特色文化主题
			丰富社区文化设施，配置不小于 600 平方米的社区礼堂
			构建社区文化标志
		引导性	改造更新类注重历史记忆的活态保留传承
			规划新建类发掘，传承优秀传统文化价值，引入社区新文化等
	邻里开放共享	约束性	优化设置“平台+管家”管理单元
			社区封闭式管理空间单元不大于 80 米×80 米
		引导性	提升“5 分钟生活圈”服务配套
			建立多形式邻里服务与交往空间，鼓励多主体参与建设共享生活体系
	邻里互助生活	约束性	构建贡献、声望等积分体系，明确以积分换服务、参与社区治理等机制
			制订社区邻里公约
		引导性	引导建立邻里社群社团组织
			鼓励居民积极参与邻里活动；促进居民互助资源共享等
			促进居民互助资源共享等

（三）未来教育场景

未来教育场景从托育全覆盖、幼小扩容提质、幸福学堂全龄覆盖和知识在身边四方面建立评价指标体系（表 7–3）。

表 7–3　未来教育场景评价

一级指标	二级指标	指标性质	指标内容
未来教育指标	托育全覆盖	约束性	配置 3 岁以下养育托管点，设施完备，安防监控设备全覆盖
			专业托育员持证上岗
		引导性	通过公建民营、幼托一体等方式，引入公益性、高端性等多层次托育机构，探索家庭式共享托育等新模式
	幼小扩容提质	约束性	做好与社区外义务教育资源衔接
			扩大优质幼小资源覆盖面
		引导性	推行小班化教学
			打通社区与中小学近远程交互学习渠道
	幸福学堂全龄覆盖	约束性	配置不小于 1000 平方米的功能复合型社区幸福学堂，满足多龄段需求
			建立分时段课程制度，提升活跃度、参与度的运营机制
		引导性	社区与兴趣培训机构建立合作
			依托智慧平台建立项目制跨龄互动机制，组织艺术创作、公益帮扶等活动
	知识在身边	约束性	打造数字化学习平台，设置专业技能等各类社区达人资源库
			构建学习积分、授课积分等共享学习机制
			配建不小于 200 平方米的社区共享书房
		引导性	引进大型连锁书店、城市图书馆等资源，合建社区共享书房
			依托智慧平台对接社区周边博物馆、美术馆等场馆资源，拓宽社区学习地图

（四）未来交通场景

未来交通场景从交通出行、智能共享停车、供能保障与接口预留、社区慢行交通和物流配送服务五方面建立评价指标体系（表 7–4）。

表 7-4　未来交通场景评价

一级指标	二级指标	指标性质	指标内容
未来交通场景	交通出行	约束性	家门口步行 10 分钟到达公交站点
			规划新建和全拆重建类做到“小街区、密路网”，路口间距不超过 300 米
			打通社区内外道路，提高出行便捷性
		引导性	社区路网空间全支路可达
			社区对外公交站点慢行交通换乘设施全覆盖
			建立交通信息发布系统和平台
			提供定制公交等个性化出行服务
	智能共享停车	约束性	建立智能停车系统，提供车位管理、停车引导等功能
			通过共享停车提高车位利用率，实现 5 分钟取停车
		引导性	应用自动导引设备（AGV）智能停车技术等
	供能保障与接口预留	约束性	车位预留充电设施安装条件
		引导性	插花式改修建鼓励开展停车位充电设施改造
			预留车路协同建设条件，如无人驾驶、智能交通运行等
	社区慢行交通	约束性	社区内部封闭式管理空间实现人车分流
		引导性	提高社区慢行交通网络密度，达到 14 公里/平方公里以上
			配置社区风雨连廊等
	物流配送服务	约束性	设立智能快递柜、物流服务集成平台等智能物流设施
			实现 30 分钟包裹由社区配送到户
			配置物流收配分拣和休憩空间
		引导性	采用智能配送模式，如末端配送机器人等

（五）未来健康场景

未来健康场景从活力运动健身、智慧健康管理、优质医疗服务、社区养老助残四方面建立评价指标体系（表 7-5）。

表 7-5　未来健康场景评价

一级指标	二级指标	指标性质	指标内容
未来健康指标	活力运动健身	约束性	15 分钟步行圈内配置健身场馆、球类场地等场所设施
			5 分钟步行圈配置室内、室外健身点
		引导性	慢跑绿道成网成环
			配置智能健身绿道、全息互动系统等智能设施
			建立运动社群组织、运动积分机制
	智慧健康管理	约束性	15 分钟步行圈内打造社区卫生服务中心、服务站“升级版”
			建立居民电子健康档案，完善家庭医生服务
		引导性	推广社区健康管理 O2O 模式，个人或家庭终端与区域智慧健康平台数据互联
			提供定制化健康膳食服务
	优质医疗服务	约束性	社区卫生服务中心与三级医院合作合营建立医联体，提供远程诊疗、双向转诊等服务
			引入中医保健服务
		引导性	鼓励发展社会办全科诊所、智能医务室、Medical mall（医疗商场）等
			应用人工智能（AI）等先进技术
	社区养老助残	约束性	充分考虑回迁居民意愿，按需配建适老化住宅
			15 分钟步行圈内配置街道级、社区级居家养老服务设施
			对社会养老机构给予租金减免等政策支持
		引导性	养老机构对标五星级
			配置护理型床位
			推广适老化智能终端应用
			培育乐龄老人自组织
			跨代合租、时间银行等新模式落地

（六）未来创业场景

未来创业场景从创新创业空间、创业孵化服务及平台、人才落户机制三方面建立评价指标体系（表 7-6）。

表 7-6　未来创业场景评价

一级指标	二级指标	指标性质	指标内容
未来创业指标	创新创业空间	约束性	配建 300 平方米以上社区双创空间，提供弹性共享的办公空间、复合优质的生活服务空间等功能空间
		引导性	因地制宜建设社区双创空间，根据社区布局、业态等条件灵活设计空间产品，打造高性价比办公场所
	创业孵化服务及平台	约束性	依托智慧平台搭建创业者服务中心功能模块，提供全方位的创业指导、咨询服务等
			完善创业服务机制
		引导性	搭建社区众筹融资服务平台
			建立社区创客学院
			促进社区资源、技能、知识等全面共享
	人才落户机制	约束性	建立住房租售“定对象、限价格”的特色人才落户机制
			配建人才公寓
			规划新建类出售均价不高于周边均价
		引导性	建立创新人才落户绿色通道
			引进年青高层次人才落户
			打造各类特色人才社区

（七）未来建筑场景

未来建筑场景从 CIM 数字化建设平台应用、空间集约开发、建筑特色风貌、装配式建筑与装修一体化、建筑公共空间与面积五方面建立评价指标体系（表 7-7）。

表 7-7　未来建筑场景评价

一级指标	二级指标	指标性质	指标内容
未来建筑场景	CIM 数字化建设平台应用	约束性	建立统一的社区数字化信息平台，实现社区规划设计、建设施工、运营管理全生命周期智慧管理
		引导性	CIM 平台功能向城区拓展，运用到城区的联片开发建设
	空间集约开发	约束性	TOD 导向开发强度梯级分布、“疏密有致”空间布局、功能复合、地上地下综合利用，与地下管廊集约规划布局建设相衔接，基本实现资金平衡
		引导性	公共服务设施与交通站点无缝衔接
			充分开展地下空间开发建设

续表

一级指标	二级指标	指标性质	指标内容
未来建筑场景	建筑特色风貌	约束性	采用地面、平台与屋顶、垂直绿化相结合的方式，打造立体多层次复合绿化系统
			按均好性要求配置空中花园阳台
		引导性	基于地方风貌基底与城市肌理，建立完整风貌控制体系
			打造社区文化标志性建筑物（含构筑物）
	装配式建筑与装修一体化	约束性	应用装配式建筑（含内装），装配率达到地方先进水平
			应用绿色建材
			采用建筑装修一体化和标准化设计，提供模块化户型组合和菜单式个性装修等定制服务
		引导性	对标绿色建筑全覆盖要求，保障房对标绿色建筑一星级及以上要求，其他住宅与公共建筑对标二星级及以上要求
			单体建筑绿色建材应用比例争取不低于30%
	建筑公共空间与面积	约束性	建设综合型社区邻里中心
			分散配置街坊共享空间
			规划新建和全拆重建类通过建筑底层架空开放等形式，创造开放共享空间
		引导性	采用套内建筑面积计算方法
			推广建筑弹性可变房屋空间模式

（八）未来低碳场景

未来低碳场景从多元能源协同供应、社区综合节能、资源循环利用三方面建立评价指标体系（表7-8）。

表7-8 未来低碳场景评价

一级指标	二级指标	指标性质	指标内容
未来低碳指标	多元能源协同供应	约束性	建设“光伏建筑一体化+储能”的供电系统
			实现超低能耗建筑要求或集中供热（暖）供冷
		引导性	保留建筑进行集中供热（暖）供冷改造
			采用“热泵+蓄冷储热”技术
			提高可再生能源利用比重
			预留氢能和燃料电池技术应用接口
			构建近零碳能源利用体系

续表

一级指标	二级指标	指标性质	指标内容
未来低碳指标	社区综合节能	约束性	进行互利共赢能源供给模式改革，全拆重建和规划新建类引入综合能源资源服务商
			搭建智慧集成的管理及服务平台
			提高社区综合节能率
		引导性	创新能源互联网、微电网技术利用
			布局智慧互动能源网
			推广应用近零能耗建筑
	资源循环利用	约束性	生活垃圾源头减量
			生活垃圾分类全覆盖
			绿化等公共用水采用非传统水源
			采用节水型洁具
		引导性	促进垃圾分类和资源回收体系“两网融合”
			提高垃圾资源化利用率
			促进分质供水
			提高雨水和中水资源化利用

（九）未来服务场景

未来服务场景从物业可持续运营、社区商业服务供给、社区应急与安全防护三方面建立评价指标体系（表7–9）。

表7–9　未来服务场景评价

一级指标	二级指标	指标性质	指标内容
未来服务指标	物业可持续运营	约束性	依托智慧平台构建“平台+管家”物业服务模式
			合理确定供物业经营用房占比，提出全生命周期物业运营资金平衡方案，实现基本物业服务居民零付费
		引导性	除基本物业服务外，提供房屋增值服务、O2O服务等增值物业服务
	社区商业服务供给	约束性	引入优质生活服务供应商，发展社区商业O2O模式，建立社区商业服务供应商遴选培育机制
			配置与居民日常生活密切相关的基本服务功能
		引导性	注重创新型生活服务，引入专业化物业服务供应商，提供定制化、高性价比生活服务

续表

一级指标	二级指标	指标性质	指标内容
未来服务指标	社区应急与安全防护	约束性	建立完善的社区消防、安保等预警预防体系及应急机制
			构建无盲区安全防护网，应用人脸识别等技术，推广数字身份识别管理
		引导性	通过智慧平台预警救援、地图定位、一键式求助、联动报警等功能，实现突发事件零延时预警和应急救援

（十）未来治理场景

未来治理场景从社区治理体制机制、社区居民参与、精益化数字管理平台三方面建立评价指标体系（表 7-10）。

表 7-10　未来治理场景评价

一级指标	二级指标	指标性质	指标内容
未来治理指标	社区治理体制机制	约束性	建立社区党建引领的治理机制
			深化社区治理体制改革，构建社区综合运营体系
			居委会、社区边界统一
		引导性	社区各单位权责明晰、服务优良、管理优化，群众满意度高
			吸引社会力量参与社区事务，社区事务多元化参与治理体系健全
	社区居民参与	约束性	建立有效可行的社区自治机制
			配置社区议事会、社区客厅等空间载体，建设服务性、公益性、互助性社区社会组织和志愿者队伍
			建立联合调解机制
		引导性	社会组织活跃，居民参与踊跃，居民社区认同感、归属感强
			因地制宜创新社区参事议事模式，建设线上线下结合的参事议事模式
	精益化数字管理平台	约束性	依托智慧平台，促进“基层治理四平台”整合优化提升，建设一定规模的社区服务大厅，设置无差别受理窗口
		引导性	推进精益化政务流程，实现社工任务清单化

第三节　绍兴福全金三角未来社区建设实践

一、项目背景

本项目位于浙江省绍兴市柯桥区福全镇。福全镇总面积 39.8 平方公里，地理位置和自然条件十分优越，是浙江省综合经济实力百强镇之一，也是一个以“实”著称的工业重镇。绍兴市柯桥区福全镇总体规划中指出，福全街道自然资源优越，紧邻绍兴市区，形成了“半环山水、半接城”的空间结构。福全金三角社区位于商贸发展轴上，毗邻商贸服务中心，是福全未来发展的重心。“两轴”，即漓渚江景观风貌轴，城镇商贸服务发展轴；“五片”，即山水休闲体验片、都市工贸产业片、近郊现代农业片、金三角居住片和五洋居住片。绍兴柯桥福全镇规划如图 7-13 所示。

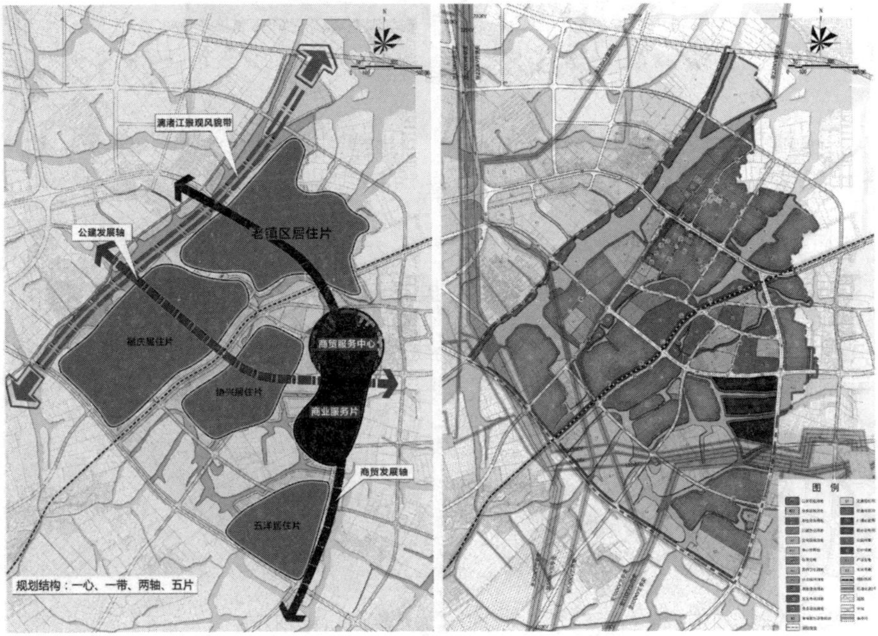

图 7-13　绍兴柯桥福全镇规划示意

本项目实施单元（图 7-14）面积为 23.16 公顷，东芝别墅路以东水系，西至秋瑾路、商城路，西南至开发路。规划单元面积为 70.03 公顷，东至别墅路以东水系，西至秋瑾路以西水系，西南邻近绍漓铁路，北至杨绍线以北规划道路。

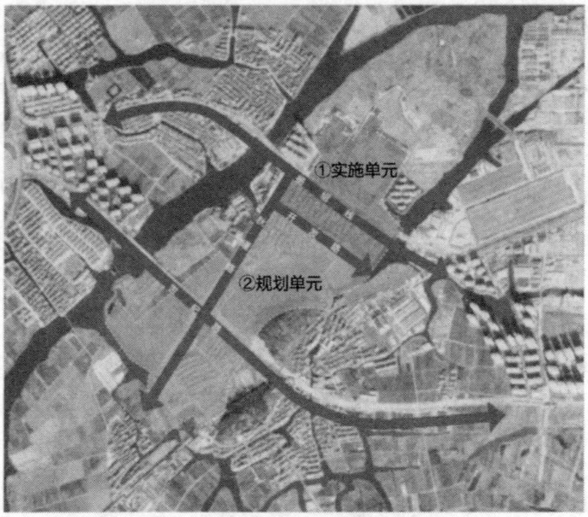

图 7-14　实施与规划单元示意

本项目内涉及老旧小区、城中村等拆迁户，社区人口主要为本地居民、外来租户、学龄儿童、创业人才等；周边教育、医疗、文化设施等公共服务配套设施如图 7-15 所示；商业服务配套齐全，但分布散乱不成体系，内部设施陈旧老化，无法满足居民日益提高的生活水平需求；城市公共空间富余，但适合居民交往停留的公共空间不足；山水景观资源丰富，但山体绿地尚未开发利用，景观空间互动性和参与度较弱；地块历史悠久、文化底蕴丰厚。

图 7-15　周边公共服务配套设施

二、项目定位

本项目借鉴新加坡未来社区建设理念，从以下三方面进行未来社区的规划：①以组屋新型城镇规划理念为指导，以区域内自给自足（工作、生活、学习与娱乐）、按层级结构规划（商业、住宅、公园）、区域互联与互动（以地铁站作为区域核心）、棋盘式规划（高密度与低密度散点布置）为手段，实现齐全化、模块化、人性化；②以“公园连接城市环”蓝绿网规划理念为指导，城市公共绿道将自然、人文、娱乐及公共区域相连，环形步行系统将环岛步道与市区相连，充分利用市区街角空间与绿化空间，打造活力街边景象和丰富的人行空间，创造活力、优美与清洁的环境；③以“城市合心生态”理念为指导，结合不同功能优势创造新型城市核心节点，高效率开发聚集高能量的社区与商业功能，为居民提供多样性环境，提升社区参与性，实现高能高效、多元复合与融合互动。

结合当地特色与参考新加坡未来社区理念，明确以水乡文化为核心开展项目设计：以柯桥水乡文化为特色文化主题，结合景观系统打造社区特色文化公园（图7-16），布置在规划单元中部区域；围绕对旗山生态核心形成三大居住片区，片区各自的副中心面向生态核心形成汇聚之势；借鉴江南水乡古城的规划手法，以明确的主轴连接重点核心空间，将城市各主题公共空间沿主轴串接布置，顺应水乡本身的蓝绿网展开，形成结构明确、张弛有度的城市空间序列。顺应城市空间序列以“300米—5分钟”步行圈为半径，分布慢行系统网；节点空间内置入配套服务，形成“5分钟”社区配套服务网，完善“美好生活圈”结构。

结合未来城市理念，将九大场景元素对应主轴上的节点形成空间主题，形成功能齐备、体系完整、趣意盎然的未来城市社区系统。社区的多元业态不仅实现了在空间上的共生互联，借助数字信息技术手段，社区的公共服务体系得以进一步信息化、网络化。邻里、教育、健康、创业、建筑、服务、治理等元素充分高效互联，真正体现了未来社区所倡导的人本化、生态化、信息化（表7-11）。

图 7-16　以柯桥水乡文化为核心的规划设计

表 7-11　未来社区场景与建设内容

场景	模块组	建设内容	面积（平方米）
邻里场景	社区礼堂	面向全年龄段的室内活动中心，包括社区兴趣俱乐部、社区文化家园、老年活动室、多功能大礼堂、公共健身室等	600
	社区公园	面向全年龄段的室外交往活动中心，提供邻里主题节庆与日常兴趣活动场所，包括中心公园、口袋公园、屋顶花园、绿道或天街公园、空中花园等形式	10200
教育场景	幸福学堂	"多龄段"共享的社区教育公益平台，"终身学习"基地；可包括四点半课堂，满足学龄儿童放学后的辅导与看护需求，以及儿童教育培训、职业培训、成人兴趣班培训和老年大学等活动场所	1000
	养育托管点	0~3 岁幼儿托管、婴幼儿养育辅导	300
	幼儿园	3~6 岁学龄前教育；鼓励幼托一体化办学。宜设 9 班、12 班或 18 班，每班 30 座	5400
健康场景	社区共享书房	社区图书室的"升级版"，复合型的学习与交流场所	200
	社区服务站	现行服务站"升级版"，除基础医疗服务外，可增配心理健康咨询、家庭医生指导、康复训练指导、中医保健等功能	270
	日常照料中心	社区内居家养老的服务保障中心，服务半失能老人，提供个人照顾、保健康复、膳食供应、陪伴等日间服务	350

续表

场景	模块组	建设内容	面积（平方米）
健康场景	社区运动中心	包括五人制足球、篮球、羽毛球、篮球、网球等场（馆）；可依托学校体育设施共享，或利用独立场地、屋顶空间等设置	5000
	健身点	分散化、就近的小型健身活动场所；按 200～300 米服务半径设置；宜与绿道系统统筹共建	300
创业场景	未来创客厅	就近的社区创业场所，提供基础性办公服务和特色化创业服务功能；由联合办公空间（办公、会议、配套等），以及创业咖啡、路演大厅、创新学院、共享设施等创业交往空间组成。可独立设置，或与人才公寓等其他模块联办	300
	人才公寓	为各类引进人才提供高品质的居住，包括租赁式和产权式两种类型	30000
服务场景	社区食堂	平价公共食堂，面向社区居民提供大众化餐饮服务	200
	室内菜场	社区“菜篮子”基地，供应平价副食品、肉禽、蔬菜、果蔬等生活必需品	1500
	社区生活服务中心	包括物业管家中心、智慧管理中心、社区政务窗口等功能，集中提供与社区居民生活密切相关的公共服务	200
	惠民商业	早餐店、24 小时便利店、快递收发、药店、美容美发、文具店、家电维修、家政、裁缝、洗衣、金融网点、邮政网点等便民商业服务设施。鼓励多业态按需设置联合组建“生活驿站”，成为未来社区智慧服务平台的线下服务站	3000
	社区商业	连锁商超、特色餐饮、休闲购物等日常消费商业业态	3000
治理场景	社区客厅	居民自治商议、社区治理委员会办公、社会组织与志愿者开展活动、社区党群工作、警务治安管理等场所	200
N	区域性公共设施	中学、社区卫生服务中心、城市图书馆、城市体育中心、城市青少年文化活动中心等街道级以上公共设施；由城市统筹规划布置，一般按 15 分钟出行范围配置，服务 5 万人左右。此外，小学一般按 10 分钟圈层配置，但由于教育布点统一调配，也纳入选配模块	10000
	社区商业扩充模块	健康养生、医疗康复、运动健身、文化体验、品牌教育、休闲娱乐、时尚餐饮、大型连锁购物等中高端服务业态	8000

三、空间布局与形态

项目采用“一核一轴两心一环”的规划结构，以“EOD 对旗山综合服务核”为核心，“邻里共享轴”串联起两个副邻里中心——TOD 综合服务区和对旗山生态社区，并依托蓝绿网打造“生态互动绿环”。

1. 一核——EOD 生态核

EOD 核心：旨在成为区域的名片，依托对旗山生态公园得天独厚的自然环境，融合人文元素，布置了康养中心、秋瑾文化中心、体育中心、市民广场等，形成了商业、娱乐与现代生活的独特滨水文化综合体。EOD 生态核规划示意如图 7-17 所示。

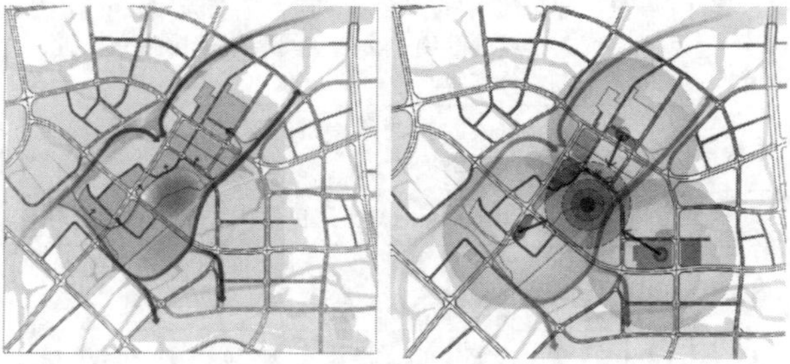

图 7-17　EOD 生态核规划示意

2. 两心——TOD 中心与水岸中心

通过高线绿化平台无缝衔接地铁和城市的立体交通系统，是衔接南北的关键点，打造成集办公、服务、休闲和娱乐于一体的城市客厅。TOD 中心与水岸中心规划示意如图 7-18 所示。

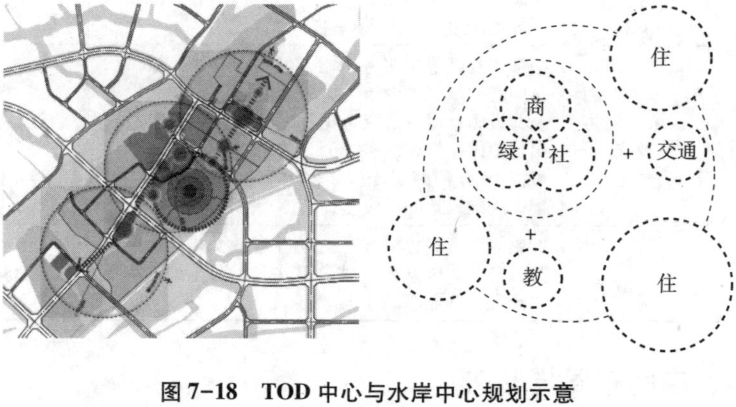

图 7-18　TOD 中心与水岸中心规划示意

3. 一轴——水乡邻里轴

多集中九大场景公共配套服务点，强化片区服务功能，串联南北居住用地，搭建服务平台。城市规划示意如图 7-19 所示。

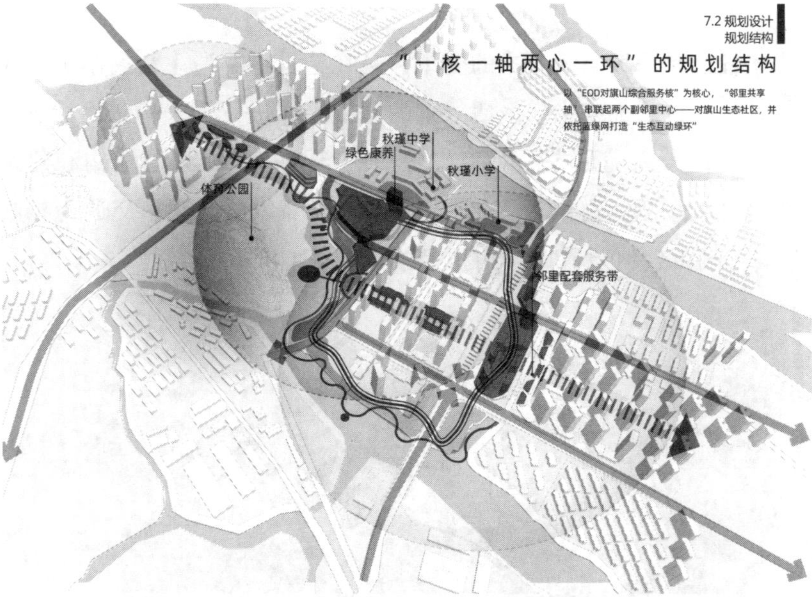

图 7-19　水乡邻里轴示意

4. 一环——生态互动绿环

沿“生态互动绿环”分布九大场景，连接邻里特色文化展览、开放共享空间、活力运动健身设施、智能共享亭等。城市规划示意如图 7-20 所示。

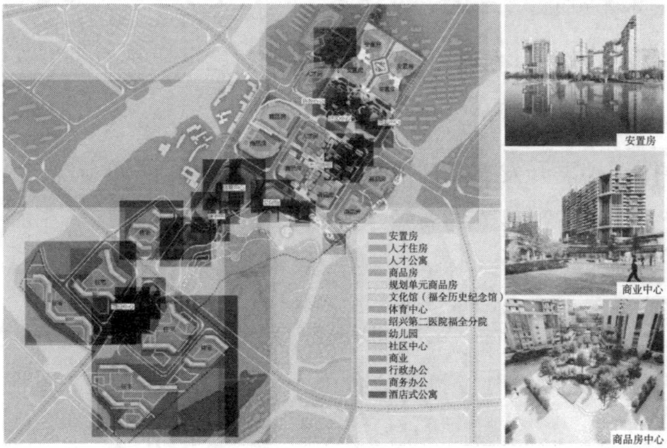

图 7-20　城市规划示意

四、功能配置和建设内容

未来社区是一场生活方式的变革，是在造社区、造生活。本项目在分析未来社区人群特征和未来生活方式的基础上，进行未来场景设计、设施营造和持续运营，满足人民对美好生活的需要；依托规划结构和建筑空间，再现九大场景，打造以 EOD 为主导，以邻里、健康、交通为核心的“3+1”未来社区特色场景。功能配置如图 7-21 所示。

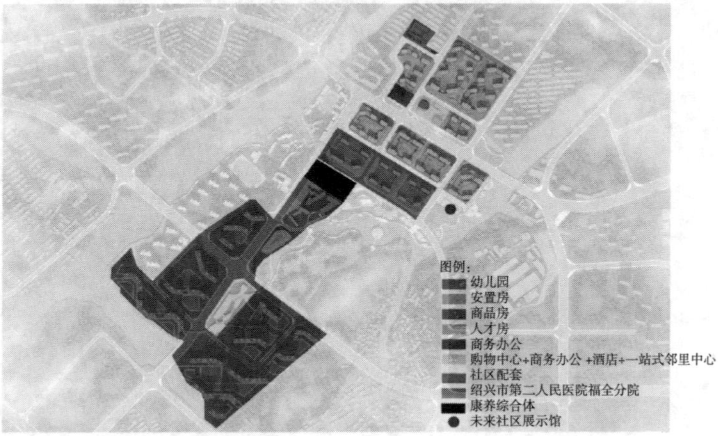

图 7-21　功能配置

（一）未来社区“三化”设计

未来社区三化设计包含人本化、生态化、数字化，如图 7-9 所示。

1. 人本化

通过 TOD 梯度开发、交通潮汐效应、水乡生活记忆实现“人与家庭”“人与文化”“人与社区”的有效结合，实现人本化理念。

2. 生态化

通过各个层级的平台、裙房和塔楼，把公园的绿色生态一步步地引入到社区当中，让公园和社区自然地合为一体，实现把社区“搬到”公园里的设计理念。

3. 数字化

居民可以通过智慧管家平台与物业社区一同对园区进行管理。居民可以自行对农作物、绿化和自然资源进行管理；对于社区活动进行自行安排，物业进行调控，减少场地的闲置和资源浪费。

（二）不同人群场景

根据社区内不同人群的需求，设计针对不同人群的场景，如图 7-10 所示。

五、场景系统设计

根据项目定位、特色并结合未来社区功能配置等，对未来社区九大场景进行了详细规划与设计。九大场景的评价指标详见表 7-2 至表 7-10。

（一）未来邻里场景

未来邻里场景从邻里特色文化、邻里开放共享和邻里互助生活三方面建立评价指标体系。

（二）未来教育场景

未来教育场景从托育全覆盖、幼小扩容提质、幸福学堂全龄覆盖和知识在身边四方面建立评价指标体系。

（三）未来交通场景

未来交通场景从交通出行、智能共享停车、供能保障与接口预留、社区慢行交通和物流配送服务五方面建立评价指标体系。

（四）未来健康场景

未来健康场景从活力运动健身、智慧健康管理、优质医疗服务、社区养老助残四方面建立评价指标体系。

（五）未来创业场景

未来创业场景从创新创业空间、创业孵化服务及平台、人才落户机制三方面建立评价指标体系。

（六）未来建筑场景

未来建筑场景从 CIM 数字化建设平台应用、空间集约开发、建筑特色风貌、装配式建筑与装修一体化、建筑公共空间与面积五方面建立评价指标体系。

（七）未来低碳场景

未来低碳场景从多元能源协同供应、社区综合节能、资源循环利用三方面建立评价指标体系。

（八）未来服务场景

未来服务场景从物业可持续运营、社区商业服务供给、社区应急与安全防护三方面建立评价指标体系。

（九）未来治理场景

未来治理场景从社区治理体制机制、社区居民参与、精益化数字管理平台三方面建立评价指标体系。

第四节　上虞鸿雁未来社区全过程工程咨询实践

一、项目概况及特点

（一）项目概况

绍兴上虞鸿雁社区位于曹娥江畔南岸，是上虞滨江新城的重要组成部分，地理位置优越。区域内过境道路、主次干道已建成，与周边城区联系便捷，项目距离绍兴东站 3.6 公里，距上虞站 2.3 公里，距上虞城市阳台 2 公里，距龙山生态公园 3.4 公里。为重点配合城市转型升级及当地对“人才”“文化”两大基底的需求，绍兴上虞鸿雁社区以“双创家园特色”和“孝德文化”作为特色亮点，成功申报全省首批 24 个未来社区试点项目，旨在成为新时代的“e 游小镇人才家园、孝德文化地标社区”，同时通过城市脉络、街区城市、立体城市三大规划策略，建设以人为本的智慧化、可持续发展的生态友好未来社区，营造幸福安康的社区生活，打造品牌绿色形象。

绍兴上虞鸿雁社区规划单元用地面积 163.6 公顷，北至江西路，南至人民大道西段，西至三环路，东至舜江西路。实施单元用地面积 20.7 公顷，北至五星东路，南至文景路，东至鸿雁路，西至永昌路。划拨地块用地面积 10.4 公顷；出让地块用地面积 10.04 公顷，河道面积 0.26 公顷。

该项目拟建回迁房、人才公寓、商业商务、社区中心、配套附属工程等，建成后可安置回迁人数 1904 人、引进人才 4904 人。项目根据用地性质不同分两期实施：一期为回迁房及社区中心项目（划拨地块），总建筑面积约 20 万平方米，采用 EPC 模式实施；二期为人才公寓项目（出让地块），总建筑面积约 33 万平方米，采用设计—施工平行发包模式实施。

本项目由五洲管理和千城建筑提供全过程工程咨询服务。

（二）项目特点

根据浙江省委、省政府对未来社区的建设要求，未来社区需在满足各项指标要求的前提下，根据地方特色突出项目亮点。

上虞具有“孝德文化”“青瓷文化”“春晖文化”三大特色文化，其具有突出的时代性、群众性、可塑性和可发展性，是上虞文化的金名片；在新时代背景下，“崇孝”“守信”“务实”“创新”成为顺应时代发展潮流的四大上虞精神。在此前提下，该项目旨在打造一个孝德为核、汇集英才、低碳环保、空间多样、以人为本、富有活力的未来社区。

1. 未来创业场景

基于未来社区空间特点，将创业场景与人才公寓、邻里中心结合，打造功能复合、空间共享的建筑空间。同时，单一空间也可提供多种功能的错时共享服务，为不同类型、不同规模的人群提供特定的服务。为满足未来社区人群全龄、全时、全景创业需求，使鸿雁社区成为创新、创业的暖心“孵化器”，人才公寓裙楼设置双创服务大厅，为创业者提供全方位的创业指导、政务咨询、业务办理等一站式全周期创业服务。未来创业场景如图 7-22 所示。

2. 未来邻里场景

未来邻里场景通过浸入式邻里空间体系、特色邻里文化营造、多维开放共享邻里空间，实现邻里和谐互助，共建美好生活。未来邻里场景如图 7-23 所示。

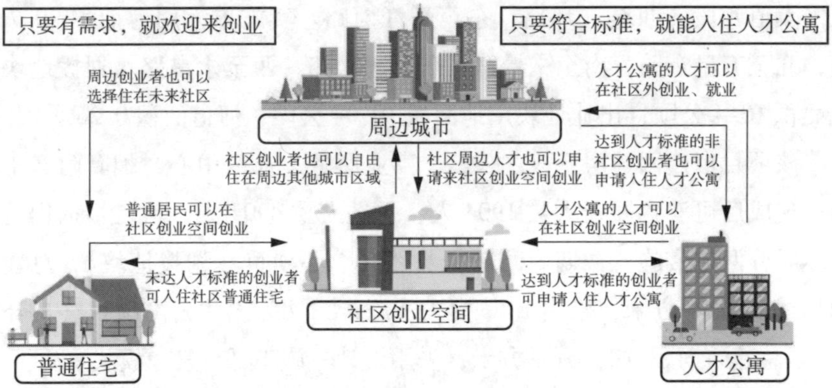

图 7-22　未来创业场景

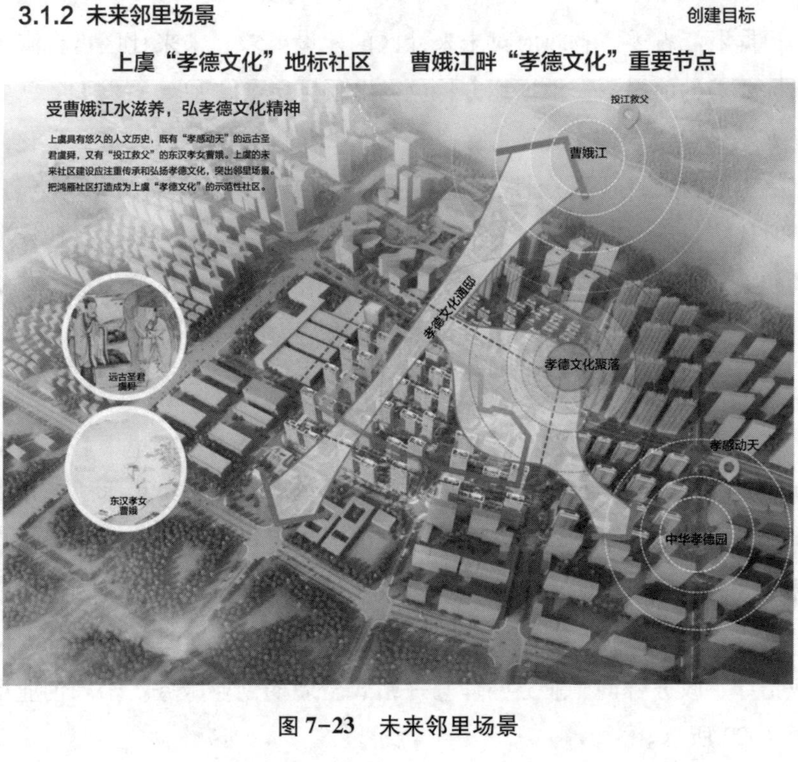

图 7-23　未来邻里场景

3. 未来建筑场景

通过建筑特色风貌塑造、立体多层次复合绿化系统、空间的集约开发与利用、公共共享空间的打造、装配式建筑与装修一体化以及数字化工程建设信息管理系统打造未来建筑场景，如图 7-24 所示。

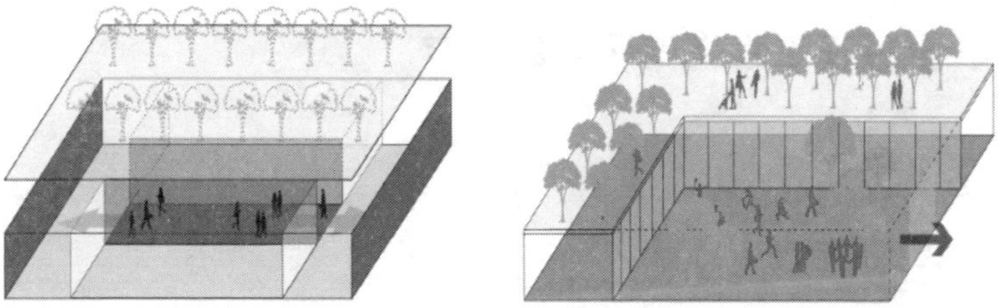

（a）空间集约开发

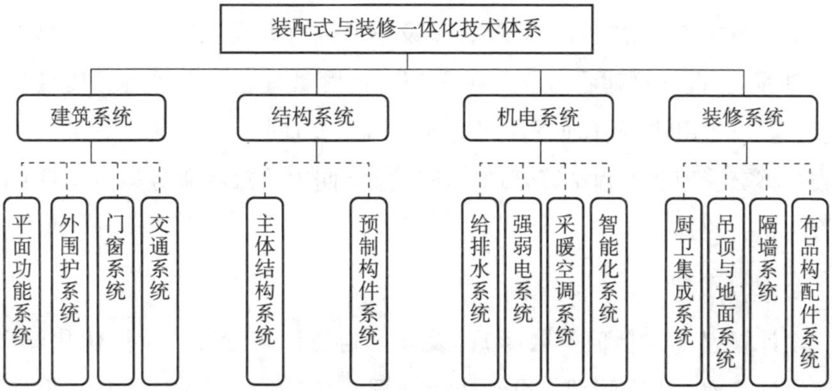

（b）装配式建筑与装修一体化

图 7-24　未来建筑场景

4. 未来低碳场景

利用多元能源协同供应、社区综合节能以及资源循环利用打造未来低碳场景（图 7-25）。

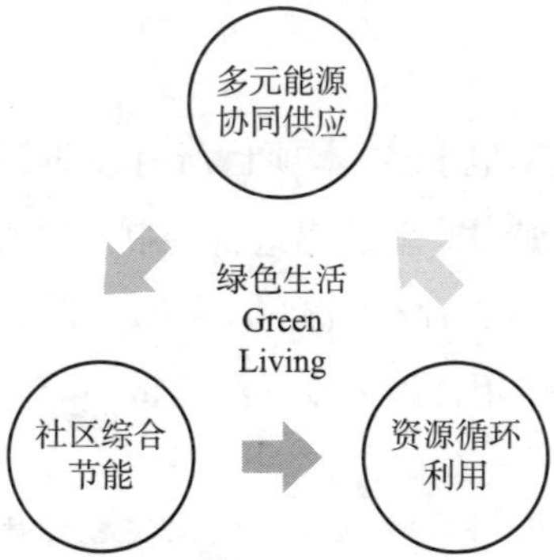

图 7-25　未来低碳场景

二、全过程工程咨询服务的内容

（一）服务内容

1. 工程项目管理

工程项目管理（包括但不限于）：编制项目实施总体策划方案、项目计划统筹及总体管理、前期工作管理（水土保持、日照分析、社会稳定风险评估、节能评估等报告，并配合建设单位进行方案比选、设备选型、报批报建等）、报批报建管理、技术管理、进度管理、投资管理、质量安全管理、项目组织协调管理、合同管理、BIM 管理①、档案信息管理、竣工验收及移交管理、工程结算管理、质量保修期内的跟踪服务以及与项目建设管理相关的其他工作。

2. 设计管理

设计管理（包括但不限于）：设计规划与计划管理、设计优化管理、限额设计管理、BIM 管理、设计功能调研、方案、初步设计及施工设计审核、组织专项设计审查、设计变更管理。

3. 工程监理

工程监理（包括但不限于）：本项目的施工全过程及缺陷责任期监理（包含施工阶段及缺陷责任期内工程质量、进度、投资控制、合同管理和组织协调，安全、文明施工监管、环境保护监管等）以及勘察、设计、设备监造、保修等阶段的相关工程监理服务。

4. 造价咨询

造价咨询（包括但不限于）：本项目所有建设过程中的涉及本工程的全部工程量清单及预算编制、全过程造价控制、结算审核等，包括项目投资目标分析评估、项目概算评估及目标控制、联系单审核、材料询价定价、进度款审核、资金使用计划编制、结算审核等。

---

① 组织落实项目 BIM 应用工作，审核项目 BIM 总体实施方案和各专项实施方案，规范 BIM 实施的软硬件环境，审查 BIM 相关模型文件（含模型信息），审查 BIM 可视化汇报资料、管线综合 BIM 模型成果、BIM 工程量清单、BIM 模型“冲突检测”报告等。

5. 招标代理及采购管理

招标代理及采购管理（包括但不限于）：从项目立项至竣工全过程的招标代理及采购，招标策划、招标文件编制、招标过程管理、合同条款策划、EPC 招标等。

（二）实施范围

五洲管理编制全过程项目管理的规划体系，将全过程工程咨询工作分解为 8 个大类，共 147 个子项，并从九大场景建设管理、绿色建筑咨询管理、报批报建管理、设计与技术管理、招标和合约管理、投资与资金管理、工程进度管理、现场质量管理、安全与文明施工管理、CIM 数字化建设平台咨询管理、信息与沟通管理、项目收尾管理、党建管理等 15 个章节详细编写项目策划书，最终形成超 7 万字策划实施内容。细致全面的工作分解能使得全过程工程咨询工作的界面和内容更为清晰可控（表 7-12）。

表 7-12　全过程工程咨询工作分解表

序号	类别	工作分解内容
1.1	整合管理	项目文件与资料移交
1.2		组建项目管理部
1.3		分析管理文件、依据
1.4		组织内部启动会
1.5		编制《WBS 工作分解结构》
1.6		编制《开工前进度计划》
1.7		编制《总控进度计划》
1.8		编制《全过程咨询策划书》
1.9		组织外部启动会
1.10		项目动态监控
1.11		项目整体变更与控制
1.12		合同风险分析
1.13		风险预控措施表
1.14		编制《全过程咨询日报》
1.15		编制《全过程咨询周报》

续表

序号	类别	工作分解内容
1.16	整合管理	编制《全过程咨询月报》
1.17		编制《全过程咨询月度目标偏差分析表》
1.18		收发文登记表
1.19		会议纪要、简报
1.20		组织全过程咨询周例会
1.21		组织专题会议
1.22		全过程咨询后评价
2.1	设计	方案设计
2.2		初步设计
2.3		施工图设计
2.4		水电暖通施工图调整
2.5		电梯条件图与土建图修改
2.6		高低压变配电设备条件图与土建配套图
2.7		空调主机条件图与土建配套图
2.8		光伏设备条件图与土建配套图
2.9		智能化设备条件图与土建配套图
2.10		集中供热设备条件图与土建配套图
2.11		市政供电接入图纸设计
2.12		市政供水接入图纸设计
2.13		市政燃气接入图纸设计
2.14		通信配套图纸设计
3.1	设计管理	初步设计内审
3.2		施工图设计任务书（限价设计）
3.3		施工图内审
3.4		设计优化
3.5		设计变更管理
3.6		参与专题技术会议
3.7		图纸会审及交底
4.1	招标采购	EPC 设计采购施工总承包单位招标
4.2		水土保持方案委托
4.3		日照分析报告委托

续表

序号	类别	工作分解内容
4.4	招标采购	节能评价委托
4.5		社会稳定风险评价委托
4.6		桩基检测、基坑监测招标
4.7		防雷检测招标
4.8		竣工消防设施检测招标
4.9		竣工室内环境检测招标
5.1	招标管理	编制《招标计划》
5.2		组织规划与计划讨论会
5.3		编制《单项招标方案》
5.4		各单项招标文件审查
5.5		材料品牌推荐
5.6		各合同审查
5.7		协助投诉处理
5.8		编制招标管理台账
6.1	办证报批	项目备案信息（赋码）表
6.2		建设项目选址书
6.3		建设用地预审书
6.4		建设用地规划许可证
6.5		日照分析
6.6		地震危害影响评价
6.7		建设项目环境影响登记表
6.8		水土保持分析
6.9		工程规划许可证办理
6.10		用地批准书
6.11		国有土地使用证
6.12		施工图审查（图审）
6.13		建设工程施工许可证
6.14		临时出入口申请
6.15		质安监备案
6.16		施工许可证办理
6.17		规划放线、验线

续表

序号	类别	工作分解内容
6.18	办证报批	防雷检测
6.19		室内环境空气检测
6.20		消防水压测试
6.21		自来水水质检测
6.22		消防通道检测
6.23		消防检测
6.24		污水排水水质检测
6.25		竣工测绘
6.26		建设工程档案移交
6.27		退墙改费用
6.28		产权证办理
6.29		办证报批进度计划
7.1	现场施工	三通一平
7.2		临时设施
7.3		开工典礼
7.4		桩基施工
7.5		桩基检测
7.6		基坑围护、降水
7.7		土方开挖
7.8		垫层施工
7.9		桩基子分部验收
7.10		基础施工
7.11		基础结构验收
7.12		主体结构施工
7.13		主体结构验收
7.14		屋顶蓄水试验
7.15		屋面施工
7.16		外装饰施工
7.17		幕墙化学螺栓抗拉拔试验
7.18		幕墙、铝合金窗三性试验
7.19		内装饰及水电施工

续表

序号	类别	工作分解内容
7.20	现场施工	智能化施工
7.21		通风与空调施工
7.22		电梯安装
7.23		集中供热（暖）设备安装
7.24		变配电设备安装
7.25		市政配套施工
7.26		市政水、电、电信、有线电视、天然气接入
7.27		室外景观绿化施工
7.28		光伏设备安装
7.29		标识标牌施工
7.30		防雷验收
7.31		电梯验收
7.32		人防专项验收
7.33		消防专项验收
7.34		单位工程预验收
7.35		单位工程竣工验收
7.36		环保专项验收
7.37		交通专项验收
7.38		卫生专项验收
7.39		规划专项验收
7.40		园林绿化专项验收
7.41		档案验收
7.42		综合验收
7.43		试运行
7.44		投入使用
8.1	施工管理及移交培训	建筑设备进场计划
8.2		专业系统进场计划
8.3		机电设备预留预埋计划
8.4		工程款支付管理
8.5		监理工作
8.6		工程变更管理

续表

序号	类别	工作分解内容
8.7	施工管理及移交培训	工程材料进场验收管理
8.8		组织工程验收管理
8.9		组织工程现场会议
8.10		“四阶段、四主体”
8.11		隐蔽工程阳光化
8.12		建筑物使用说明书
8.13		服务手册编制
8.14		移交培训

三、全过程工程咨询服务的实践成效

针对本项目未来社区的特点，五洲管理结合发展改革委相关要求及工程实际，出具了“九大场景方案建议”“人行甲板设置条件分析”“低碳场景设备系统选择意见”“九大场景优化审核意见（含市政与交通专篇）”以及“专项设计深化建议”，为推动项目理清了方向与步骤（表7-13）。

（一）九大场景落位优化建议

表7-13　前期审核意见落实情况表

序号	板块	审核意见	优化落实情况
1	未来创业	在双创空间预留一定的空间作为生活配套用房，如共享厨房、共享餐厅、共享书吧、共享健身房等	初步设计优化中人才公寓标准层平面已设置有共享空间，但实际用途未作定义
2		结合云廊体系，在社区配套服务用房中设置流动共享工作站、共享会议室等社区创业空间	初步设计优化中架空层配套服务用房、物业经营用房等均已预留，共享工作站、共享会议室等内容分散分布使用效益不高，需结合后期招商情况见缝插针式按需布置
3		在创业空间设置创客交流厅，以便于创业人员之间互相学习与交流	初步设计优化中已落实

续表

序号	板块	审核意见	优化落实情况
4	未来邻里	根据鸿雁未来社区自身特色打造标识性LOGO，同时考虑游客服务中心的设置	标志性LOGO不属于建筑设备设计范畴，需专门文创类机构与运维单位共同协作完成，游客服务中心结合未来社区展厅设置（社区中心二层已设未来社区展厅），布展设计需运维机构提出需求
5		落实“5分钟生活圈”服务配套的具体功能，如教育、健康、创业、商业等；建议加大邻里宴会厅的面积	架空层社区服务用房及商业服务设施散点布置可以满足“5分钟生活圈”服务配套需求，但上述空间未具体定义为教育、健康、创业、商业等空间
6	未来建筑	将公交首末站设置于五星东路与鸿雁路交叉口，同时预留共享单车及共享汽车停放场地。此举一方面与城市轨道2号线相互呼应，产生集聚效应带动人流从而增强社区活力；另一方面能够更有效地组织商业的人流导向从而提升商业价值	公交首末站目前布置于五星东路与永辉路交叉口，现阶段调整位置对方案影响较大；共享单车及共享汽车相应场站在当前设计成果中尚未体现，需尽快落实交通影响评价工作，明确交通布置
7		结合阳台、露台、退台、连廊等打造垂直绿化体系	阳台、露台等属于住户私人空间，日后长期维护不便，按三个专项评审时专家意见，设计成果还需强化云廊处垂直绿化
8		采用装配式建筑同时装配率公共建筑不低于60%，居住建筑不低于50%	需在施工图阶段结合部品厂构件设计落实
9	未来低碳	在景观的构筑上（如廊、亭等）顶面设置光伏一体化+储能	已在社区中心屋面落实光伏一体化
10		采用集中定点智能投放模式垃圾收集装置，如景观地埋式垃圾收集系统	九大场景优化方案（会议后修改稿）中已分区采用两种收集形式，但具体设备选型、安装位置构造图未作深化设计
11	未来教育	建议在社区中心增设幼儿园及托育点，以达到社区教育全覆盖的目的	规划单元内幼儿园满足社区学前教育需求，配套用房中未做特别的定义
12	未来健康	增加云廊系统的缩放空间，创造更多的趣味空间，便于人流驻足；同时完善智能化漫行系统	建筑单体架空层可作为云廊系统的缩放空间，需要深化架空层内的设置和功能布置和深化运动场地设计

续表

序号	板块	审核意见	优化落实情况
13	未来交通	在联谊路及五星东路之间加设机动车道，同时结合公交站点预留共享单车及共享汽车停放场地，实现零换乘	交通专项优化方案中优化方案（会议后修改稿）汇报稿中已增加道路，但具体工程图纸尚未落实
14		社区中新建住宅配建停车位应100%预留充电设施建设安装条件	预留安装条件可达，但根据目前电动汽车普及及消费发展趋势，实际申请安装比例可能会较低，实际安装量建议可按照《民用建筑电动汽车充电设施配置与设计规范》（DB 33/1121-2016）要求配置
15		在地下室设置物流收配分拣点，同时结合入户门厅设置智能快递柜	此项内容仅在汇报文本中出现，但工程图纸未见相应内容
16	未来服务	基于零物业费目的，精细测算经营配套用房面积占比，同时配套用房及设备用房的空间预留应相对匹配	目前暂无测算数据，建议细化测算
17	未来治理	建议在每个小区块中分别设置规模较小的社区议会厅，便于小范围的讨论，并可兼做志愿者服务大厅	使用频率不高，与其他服务功能兼用使用效能更好：如阅览、健康小屋等，架空层空间也可作为小范围讨论居民自治所需空间

（二）低碳场景设备系统选择意见

本项目低碳场景涉及的主要设备系统有光伏建筑一体化+交直流微电网、集中供热（暖）供冷系统、新能源汽车充电系统、垃圾处理系统及中水回用与雨水收集系统等，五洲针对以上系统进行比选分析，并得出相关结论。

1. 光伏建筑一体化+交直流微电网相关建议

由于电能即发即用的特点，以及分布式能源受环境影响发电量的不确定性，要实现微电网稳定可靠的供电，一是把光伏电能通过逆变器转变为交流和市电并网运行，二是采用储能装置进行电能储存。储能装置是微电网非常重要的一部分，目前采用较为普遍的是铅酸电池，铅酸电池具有容量大、价格便宜的优点，是光伏发电首先的储能装置。

综上所述，本项目光伏发电系统采用和市电联网在线运行+带储能装置的微电网系统是最合理的实施方案。

2. 新能源汽车充电系统相关建议

交直流混合系统优势显著，但本项目光伏规模较小，相对投资偏大，全寿命周期节省效益无法覆盖初始投资。因此，若需建设单位自行出资，则建议采用光伏电通过逆变并网，从电网上再逆变至直流电使用终端；若供电公司等外部企业愿意进行投资作为样板，则建议采用交直流混合系统。

在充电桩设置比例方面，建议新能源汽车充电设施应该按照《民用建筑电动汽车充电设施配置与设计规范》（DB 33/1121-2016）要求配置，具体按表 7-14 执行。

表 7-14　住宅建筑建城时电动汽车充电停车位配建指标

项目	建成时电动汽车充电停车位配置总数量（占建筑配建机动车停车位数量的比例）			快充停车位配置数量（占建成时充电停车位总数量的比例）		
指标级别	Ⅰ	Ⅱ	Ⅲ	Ⅰ	Ⅱ	Ⅲ

注：①快充停车位应设置为公用充电停车位；②预留条件：住宅建筑配建的机动车停车位应100%预留配电线路通道和充电设备位置，并适当预留相关变配电设备设置条件。表中规定数量的充电停车位应在建成时配足变压器容量。

资料来源：《民用建筑电动汽车充电设施配置与设计规范》（DB 33/1121-2016）

3. 集中供热（暖）供冷系统

本项目集中供冷供暖系统建议优先采用地缘热泵+冰蓄冷系统，如果地缘热泵设置的物理条件不能完全满足需要的冷热量时，选择以燃气冷热电三联供系统或传统的锅炉+冷水机组作为补充。

地源热泵+冰蓄冷联合系统存在三个优势：①地源热泵系统利用无污染的可再生能源，有效降低环境污染，低碳环保；②缓解用电高峰，同时降低运行费用，减少在用电高峰期制冷机组、冷却水泵等设备的用电量，提升了设备利用率和效率；③采用冰蓄冷联合地源热泵空调系统后，降低了制冷主机等设备的容量和功率，从而减少相应电力设备的成本（表 7-15～表 7-17）。

表 7-15　绍兴上虞鸿雁社区一期项目集中供热供冷系统建设成本对比表

序号	楼号	建筑面积（平方米）	单方造价（元/平方米）	合价（万元）
1	方案一：集中式地源热泵+冰蓄冷系统			
1.1	2#楼	23 413	485	2438
1.2	3#楼	26 855		
2	方案二：VRF 多联机系统			
2.1	2#楼	23 413	390	1960
2.2	3#楼	26 855		

表 7-16　绍兴上虞鸿雁社区一期项目集中供热供冷系统运营成本对比表

序号	楼号	建筑面积（平方米）	夏季总用电功率（千瓦·时）	冬季总用电功率（千瓦·时）	夏季运行费用（万元）	冬季运行费用（万元）	年运行费用（万元）
1	方案一：集中式地源热泵+冰蓄冷系统						
1.1	2#楼	23 413	861 689	282 061	50.32	16.47	66.80
1.2	3#楼	26 855					
2			方案二：VRF 多联机系统				
2.1	2#楼	23 413	1 972 940	861 028	134.16	58.55	192.70
2.2	3#楼	26 855					

表 7-17　绍兴上虞鸿雁社区一期项目集中供热供冷系统投资回收期计算表

内容	初投资（万元）	年运行成本（万元）	投资回收期（年）
方案一：地源热泵+冰蓄冷系统	2438	66.795	3.8
方案二：VRF 多联机系统	1960	192.7	
差额	478	125.905	

综上比选结果，鸿雁社区一期项目采用地源热泵+冰蓄冷系统作为集中供热供冷系统，该系统具有以下实际优势。

第一，本工程采用方案一集中式地源热泵+冰蓄冷系统初投资比方案二 VRF 系统高 478 万元，但运行费用低 125.9 元/年，成本仅 3.8 年即可回收。

第二，方案一冷热源机房集中在地下室一处，室外埋管埋设于基坑或室外绿化带内，不需要占用建筑其他空间，也不影响建筑美观。如若选用 VRF 多联系统，则需在室外（如裙楼屋顶）另行考虑 VRF 系统室外机安装位置，不仅影响建筑美观，且大量 VRF 室外机放在一起，其产生的噪音、热岛效应对用户体验和后期运行效果会产生一定影响；同时 VRF 多联系统还存在如下几点明显劣势：①运行时为冷媒直接蒸发，温差大、送风不均匀，舒适性较水系统差，易患空调病；②VRF 多联系统室内外机必须是固定系列产品，若后期此产品淘汰，外机损坏则无法单独更换外机（控制系统不同），需整套系统更换；③多联机系统完全通过压缩机控制氟利昂的流量，受室外机与室内机间落差、室内机间落差、从第一个冷媒分支到最远室内机配管长等因素影响，实际运行时冷量衰减很大，能效比低。

4. 垃圾处理系统

对于未来社区的垃圾减量、就地处置和资源化利用，反映到未来社区建设要求中的主要是厨余垃圾的处置设备。厨余垃圾集中收集处置设备所需场所无特殊要求，设备成熟，有各种处置量级的规格，市场上可选择余地较大，日后维护保养及扩容较简便。

5. 中水回用与雨水收集系统

本项目建议采用雨水收集系统及收集部分废水进行集中处理的中水系统。

四、经验总结

（一）常规全过程工程咨询管理经验

1. 设计/技术管理配合前期管理，提高前期工作质量

区别于传统仅核查资料完整性后进行专职报批报建的前期管理，五洲管理将设计/技术管理与前期管理相结合，首先由前期管理组根据项目性质提出完整报批流程及内容，后与设计/技术管理组一同编制项目报批报建计划，兼顾了报批与设计的合理性。

2. 设计/技术管理紧靠投资管理，有效把控限价设计

为尽可能降低传统设计脱离造价控制理念的影响，五洲管理将设计管理与投资管理深度融合，在设计前共同编制限价设计任务书，根据概算提

出各专项合理设计要求，设计过程中两专业共同审核设计文件，多角度提出审核优化意见，提交初步设计审核意见共8版（其中一期、二期项目各4版），审核意见近千条。

3. 投资管理结合招采管理，进一步提高招标合理性

在传统招标管理模式下，主要关注招标评标方案、合同条款合理性，但相对忽略工程费用结算方式、结算方案的细节，然而工程费用结算作为建设单位与施工单位之间的直接纽带，往往直接影响施工单位的工作积极性，进而影响工程安全、质量、进度。五洲管理在进行工程招标采购前，委派投资管理组深度介入招标文件编制，以本项项目一期EPC及二期施工总承包为例，投资管理组均按照上虞当地习惯及工程合理性，对渣土外运、泥浆固化处置方案以及无价材料定价方案等进行了详细约定。

4. 各专业强强联合，进一步提高施工现场执行力

在施工阶段，五洲管理每周在内部召开小组负责人碰头会，设计/技术管理组提出当前施工阶段的施工重点及对上周存在问题的优化处理意见，投资管理组提出当前施工阶段需现场关注的施工内容，尽可能将偷工减料等情况灭杀在萌芽状态，招采管理组提出当前施工阶段合同履约重点，最后现场管理组反馈上周管理成效，并提出管理中存在的问题，各小组共同协调优化管理方案。

（二）未来社区特色管理

针对本项目未来社区的特点，五洲管理结合发展改革委相关要求及工程实际，出具了“九大场景方案建议”“人行甲板设置条件分析”“低碳场景设备系统选择意见”“九大场景优化审核意见（含市政与交通专篇）”以及“专项设计深化建议”等相关建议十余份，为建设单位有效决策、推动项目理清了方向与步骤。

第五节　未来社区 B. L. O. C. K 街区创新设计竞赛

一、未来社区 B. L. O. C. K 街区创新设计竞赛概况

2020 年 6 月，由浙江省发展和改革委员会主办，未来社区发展研究中心、未来社区产业联盟承办的未来社区 B. L. O. C. K 街区创新设计竞赛正式启动。本次竞赛中未来社区除居住功能外，赋予 Business（商业）、Leisure（休闲）、Open（开放）、Complex（复合）、Kind（友好）等新内涵（图 7-26）。未来社区 B. L. O. C. K 街区创新设计竞赛以多朝向住宅、围合式街区、开放型社区设计为重点，探索未来社区生活方式和空间营造的创新方案。竞赛旨在搭建公众参与未来社区建设的重要桥梁，将普通居民、独立设计师和前沿设计团队的设计好想法、好理念，吸收应用到未来社区的建设实践中，营造人人参与、集思广益的良好氛围，为浙江省建设美好家园开拓新思路。

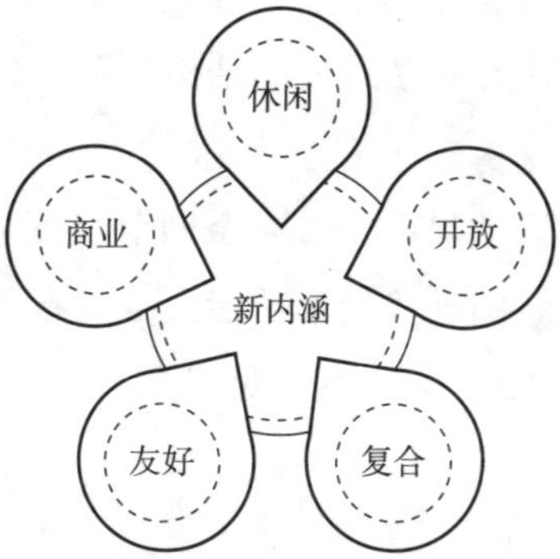

图 7-26　未来社区 B. L. O. C. K 街区新内涵

（一）竞赛主旨

本次竞赛旨在开阔思路、突破局限，以多朝向住宅及围合式街区设计为重点，研究探索未来社区生活街区的空间创新方案。通过不同高度、体量建筑的组合，形成错落有致、尺度宜人的城市景观。同时，通过可变空

间设计，使得建筑室内外空间及功能业态灵活可调，在全寿命使用周期内具有更强的适应性，形成生活宜居、功能复合、活力多元的未来生活街区，充分体现人本化、生态化、数字化的价值追求。

（二）竞赛内容

在未来社区“小街区、密路网”总体格局下，以围合式街区设计为重点，研究探索未来社区宜居空间创新设计方案。

以 300 米×300 米左右的密路网街区为设计范围，街区内部划分可根据实际情况自行确定，推荐以单面边长 80～150 米的 Block 作为基本邻里单元，设计深度为概念方案。

1. 空间设计方案

综合考虑道路、景观、日照、气候等因素，因地制宜确定住宅朝向、建筑组合形态、沿街界面以及天际线设计方案，构建从家到公共空间的多层次空间序列。

（1）室内空间

住宅套型设计充分考虑生活方式变化及后疫情时代需求。例如，入口玄关处洁污分区，客厅和餐厅功能合一，增加运动、学习或办公空间；选择适应建筑工业化新需求、灵活可变的结构体系。

（2）院落空间

院落空间应具有适宜的尺度，考虑空间节奏变化，布置居民交往活动空间，体现邻里、服务、治理等场景功能，实现室内外良好互动；院落内人车分离，保障居民活动安全；不满足日照条件的底层部分可设置其他功能。

（3）街道空间

街道空间应有张有弛、开合有度，街道的界面应具有连续性，考虑构建层次丰富、开放友好的沿街界面，可融入教育、健康、服务等场景设计，可引入各类活力业态；创新建筑立面模块化、多样化设计，体现沿街界面的空间秩序与变化。

2. 技术解决方案

针对东西向住宅西晒等问题提出技术解决方案。建筑设计充分考虑绿色、环保、智能化设计理念，采用绿色建筑、绿色建造、装配式等技术。

3. 政策创新建议

结合设计方案，以保障生活舒适和安全为前提，针对现有日照时数、退界距离、停车位配置、计容建筑面积等限制性要求，提出建设性的精细化管理建议。

（三）竞赛结果

本次设计竞赛受到社会各界高度关注和积极响应，吸引 300 多个海内外设计机构、高等院校的设计团队及个人参与，共收到 169 个有效作品，经过海选三轮评审，形成了“22 组专业组+12 组公众组”的入围作品。针对入围作品开展了全民网络投票，群众参与热度高涨，投票人数超过百万。同时，活动邀请吴志强院士、龚晓南院士、孟建民院士等 7 位国内重量级院士专家对入围作品进行评审。

综合网络投票结果和专家评审意见，杭州千城建筑设计集团股份有限公司的参赛作品 MIX B. L. O. C. K 获得专业组一等奖。MIX B. L. O. C. K 方案以“活力宜居、多元包容”为立意，以“MIX（多元）”为设计主题，旨在破解当下居住区的现实问题，实现打造“复合无界，合和共生”的社区愿景。

二、MIX B. L. O. C. K 未来社区街区创新设计方案

（一）场地

项目从场地设计作为切入口，通过现有困境确定街区主题，针对客群需求打造 Block 单元，形成街道、院落，完善交通后，形成社区。首先，项目依据“小街区密路网”的原则，通过推算单个地块间距 120 米×120 米，建筑退界高层退界 15 米裙房退界 9 米，日照间距是建筑高度的 1.2 倍，生成 Block（单元地块）；其次以 250 米为半径的 5 分钟步行生活圈为研究单位，9 个 Block 作为研究对象形成社区理论模型。最后，将绍兴作为对象进行区位模拟，从绍兴地理位置、气候分布、文化底蕴等方面进行分析，为项目后续设计推进打下基础。

（二）主题

本项目通过人群、空间、场景、交通、功能、文化六个维度，致力于

实现“复合·无界—合和·共生”的设计愿景（图 7-27）。其中，复合指功能混合，立体叠加；无界指开放融合，有核无界；合和指聚合围院，和睦同心；共生指阶层重构，多元共生。

图 7-27　设计主题

1. 人群·垂直叠合

分析不同年龄、家庭结构、社会层次的居住需求，精准设计，通过竖向分层布置将各类人群统合安置于同一居住组团，使社区具有多元性，从社会基层细胞开始打造和谐邻里，营造多元共生的和谐社区，如图 7-28 所示。

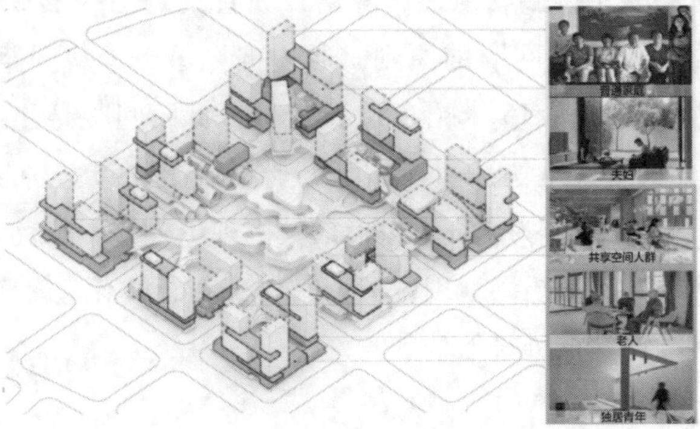

图 7-28　人群·垂直叠合

2. 空间·水平围合

单个组团按街区地形形成围合形态，各组团围绕社区中心构成上一层级的围合空间，社区中心面向各组团呈现开放姿态，服务于社区居民，营造开放共享的活力街区，如图 7-29 所示。

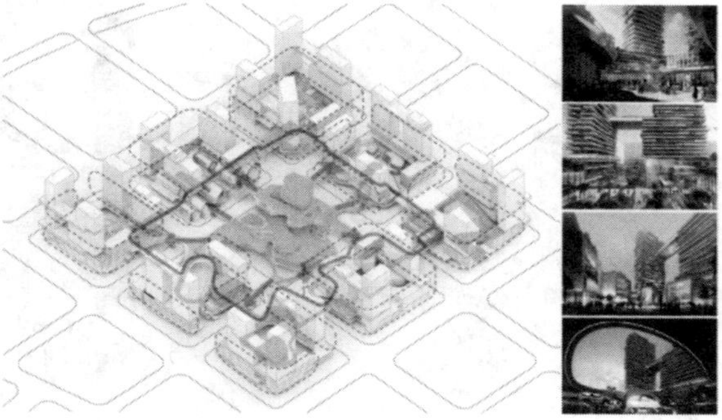

图 7-29　空间·水平围合

3. 场景·多元共生

对接未来社区各类场景设计，将不同场景承载空间结合各组团特征，设置于适当区位，通过多类型交通系统联接，便于服务社区居民，同时也使各组团各具特色，营造以人为本的未来街区，如图 7-30 所示。

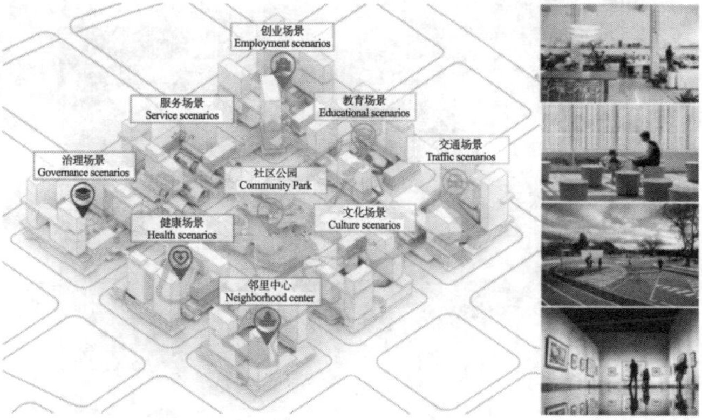

图 7-30　场景·多元共生

4. 交通·多维复合

设想在社区布置地铁，围绕其打造 TOD，适当设计地下车行系统，打造安全畅行的地面步行、骑行网络，结合高线连廊、楼宇间的空中连廊、智慧物流构成多维度交通系统，使居民出行有多样选择，也使社区通过交通网络紧密交织，营造立体联通的高效街区，如图 7-31 所示。

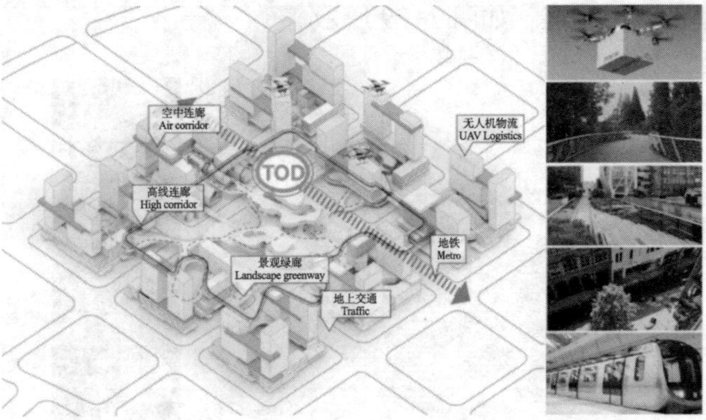

图 7-31　交通 · 多维复合

5. 功能 · 业态混合

丰富的功能业态打造优质的生活体验。设计围绕一站式邻里中心，在各街区内布置未来生活所需的各类业态，伴随时代发展，支持鼓励业态更新，保持社区活力，营造乐活无限的品质街区，如图 7-32 所示。

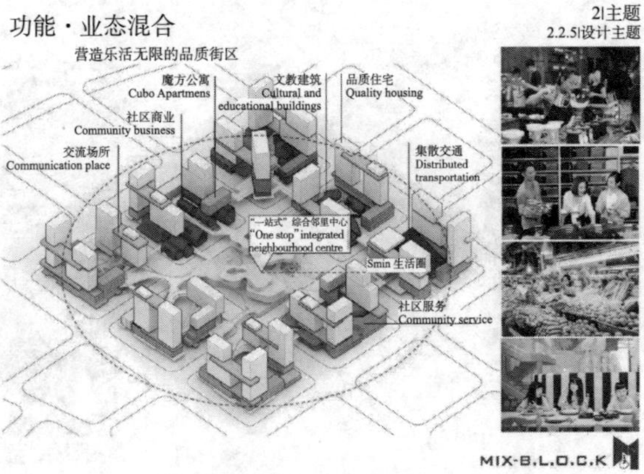

图 7-32　功能 · 业态混合

6. 文化 · 古今融合

设计必须回应地域性，于项目中体现地区的历史文化。在现代生活中穿插着历史的片段性体验，犹如拼贴画的卷轴在城市中展开，是设计对于未来社区的畅想，营造向史而新的人文街区，如图 7-33 所示。

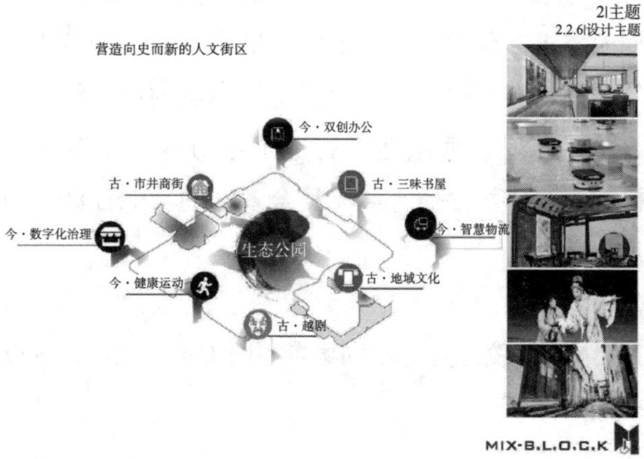

图 7-33　文化·古今融合

（三）缘起

1. 人群分析

本项目根据不同人群的不同需求，打造不同设施项目，如图 7-34 所示。

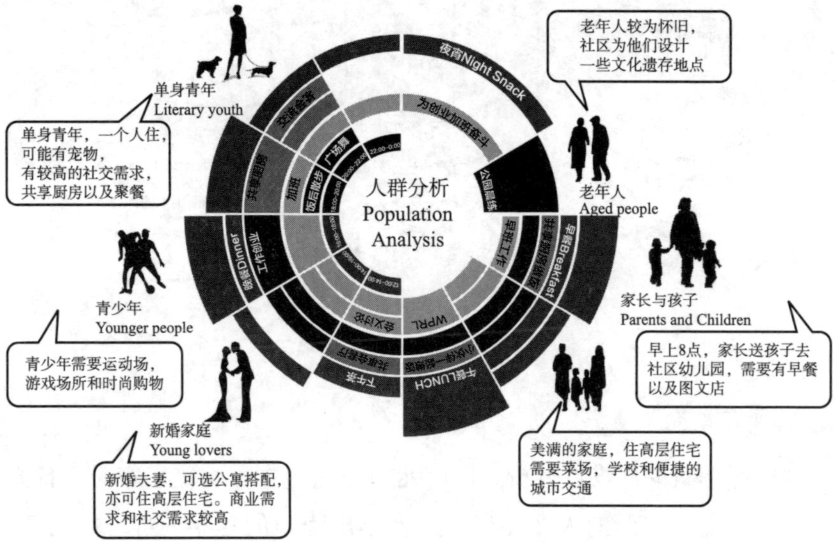

图 7-34　人群分析

（1）Block 形态

高层适合一家多口，多为新型可生长住宅，可根据一个家庭不同人口、不同时期的需求变化而变化；中间层适合单身、新婚青年，多为模块化装配建筑体，由许多相同大小、没有功能预设的房间组成，居民可以自由安排甚至合成多居室；底层适合打造工作坊等，多为复合多功能的街区，设置多样的建筑体块穿插，形成复合多样的功能社区，为社区人群提供丰富的场景。

（2）Block 组合

根据对底层裙房、高层住宅不同场景不同需求的思考，进行 Block 组合。

2. 社区形成

打造住宅、办公创业区、文娱中心等。置入不同业态功能，并使之混合分布，产生双向互动，激发社区多向活力，如图 7-35 所示。

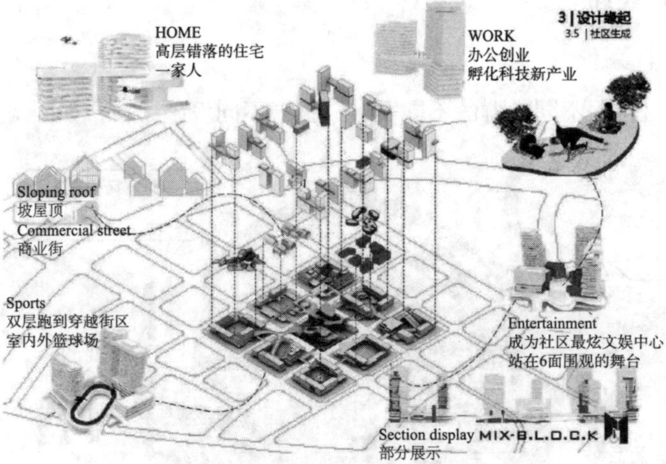

图 7-35　社区形成示意

3. 建筑朝向

对街区建筑朝向设计分析。以南北向住宅为主，满足家庭对于日光的需求，辅助配置东西向人才住房，适合早出晚归的青年人群，如图 7-36 所示。

图 7-36　建筑朝向

4. 天际线

建筑排布错落有致，让空间充满透气感。突破房产项目常规做法，塑造高低起伏的建筑群落，形成生动的城市形象，如图 7-37 所示。

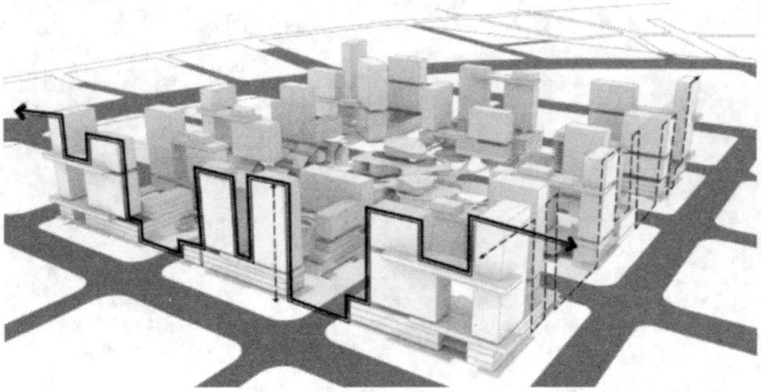

图 7-37　天际线示意

5. 社区形态

最终根据不同功能分区形成五分钟生活圈社区形态。依据未来社区生活圈要求，将各日常需求功能业态布置于 5 分钟步行范围内，使居民拥有便利生活，如图 7-38 所示。

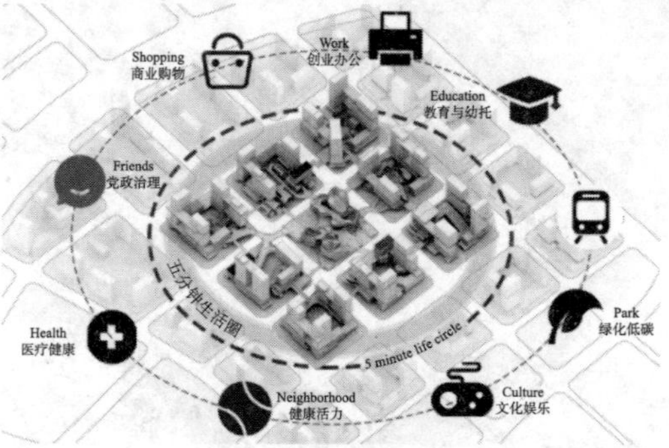

图 7-38　社区形态

（四）街道

街区设有慢行步道连接城市开放空间，打造活力街道；沿街设置的公共座椅打造良好的交流空间；设置单向行驶车道，增加稳静化措施。街道具有多样性，分别有嵌入型、自由型、坡道型、街巷型、公园型、向心型、自然型、开放型、广场型，具体如图 7-39 所示。

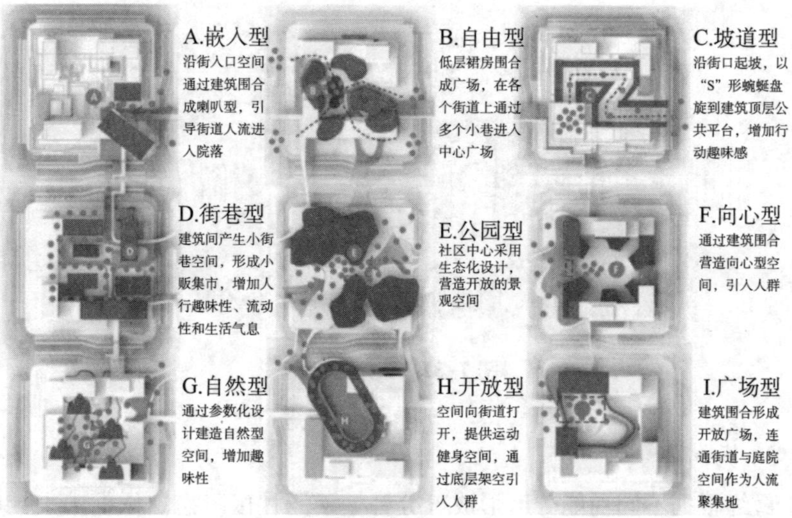

图 7-39　街道类型

此外，街道还具有连续性、开放性、生活性。为积极响应国家防疫号召，街道还设置了相关防疫点进行防疫措施实施，如图 7-40 所示。

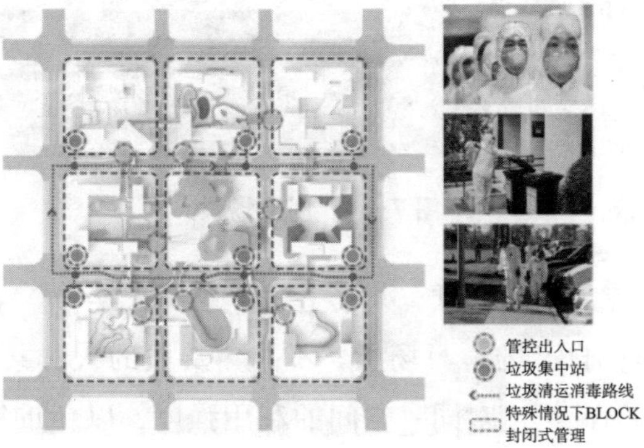

图 7-40 街道防疫

（五）院落

院落对应绍兴戏曲文化结构，通过基础单元院落序列生成，打造江南古典园林院落空间。

1. 纵向空间

入庭院后，通过架空廊道可到达架空室内，垂直空间还设计了空中菜园、空中客厅等设施。

2. 景观构造

包括架空层会客厅、架空层健身房、入口小庭院、架空层住宅大堂、架空层老年活动室、空中花园步道、空游游廊等。

3. 创业场景

设计单独以人才公寓为核心，在其周边及底层设置了创客厅、双创中心、路演广场、创意集市、共享办公等，在空间上的集成设计节约了创业的时间成本。在整体规划布局上靠近 TOD 中心，使创业人群出行便捷，更利于吸引青年，营造创业氛围。具体如图 7-41 所示。

4. 教育场景

除按项目禀赋不同设置幼儿园、小学外，在组团内设计了教育主题广

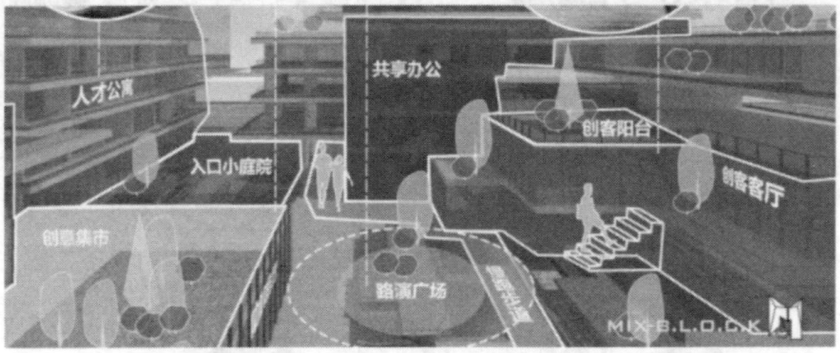

图 7-41　创业场景

场，布置有托幼点、幸福学堂、共享书房、老年大学等，全年龄段的居民均可在此找到属于自己的学习场所。不同年龄段的人群共处于同一空间，利于提升在不同时间维度对同一空间的利用强度，以免重复投入，增加项目投资，如图 7-42 所示。

图 7-42　教育场景

5. 交通场景

在地块中心结合一站式邻里中心打造 TOD，是社区的交通核心枢纽。地面倡导慢行交通，鼓励步行、骑行的出行方式，减少碳排放。高线连廊以社区公园为原点连接各组团，打造成安全、生态的空中花园。智能物流的植入让货流系统解决了最后一站的问题，货物直达每家每户。多维度交通体系的设计整体提升了社区出行的便利性，如图 7-43所示。

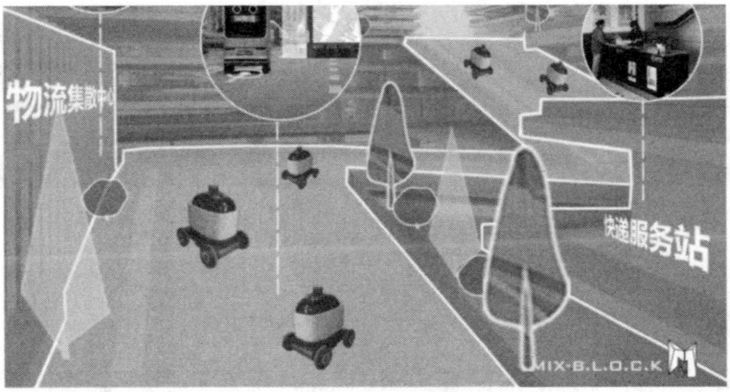

图 7-43 交通场景

6. 文化场景

在九大场景的基础上，结合地方特色，可设计地方名人堂，增加社区荣誉感；古城文化馆展示地区历史文化，传承历史记忆；曲艺展览馆便于开展地方文化活动，使非物质文化得到发扬和传承，如图 7-44 所示。

图 7-44 文化场景

7. 邻里场景

根据地方特色设计具有特色的社区文化公园，如地方曲艺广场，围绕其布置文化礼堂、社区活动室、社区食堂、幸福集市等。在景观节点处设计文化展廊、文化雕塑以传承展现地域历史、文化，如图 7-45 所示。

图 7-45　邻里场景

8. 健康场景

以 5 分钟步行圈为范围设置室外运动健身点，配合高线连廊设计了健康跑道，满足普通运动所需。社区卫生服务站的设置让居民就近得到医疗服务成为现实，老年人在白天无人照看时，可在日间照料中心得到正规的看护，解决了职工家庭的后顾之忧，如图 7-46 所示。

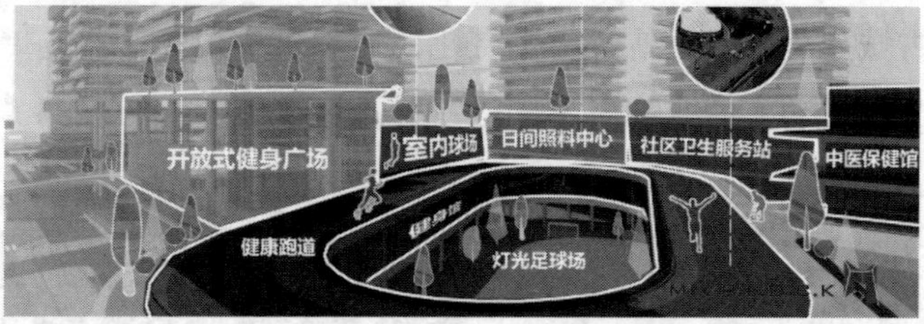

图 7-46　健康场景

9. 治理场景

以党建治理为引领，设立有党群工作室、社区客厅、志愿者服务中心等，如图 7-47 所示。

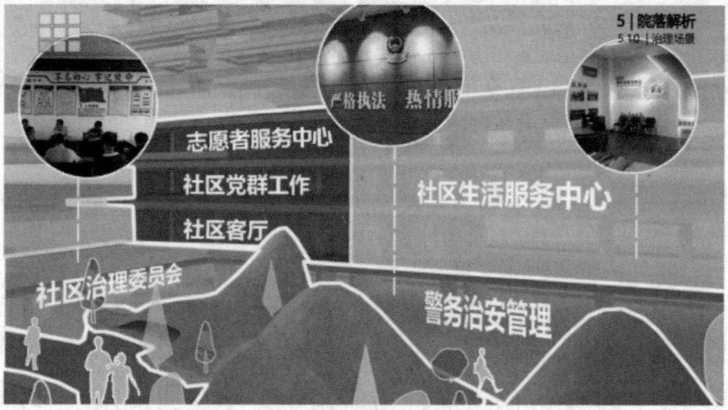

图 7-47　治理场景

10. 服务场景

业态的丰富化打造了完整的社区生活链，社区商业街的各类商业网点增加了社区活力。物业服务配合智慧数字系统可提高服务水平及效率，如图 7-48 所示。

图 7-48　服务场景

（六）室内

公寓内户型可根据不同家庭人口打造不同户型，且为防疫考虑，每种户型均有设计消毒区、隔离区和生活区。

（七）交通

街区内部单循环，通过十字路口铺地、道路曲折化、收窄过街口，可做到人畅其行、车畅其道。

1. 车流分析

为了贯彻车畅其道的设计理念，将 BLOCK 内部车行道与城市道路进行区分。BLOCK 内部规划为单循环道路，且只能右转，最大程度规避拥堵；同时在街区入口设置地下车行道，进一步缓解路面行车压力。车流线示意如图 7-49 所示。

2. 人行流分析

BLOCK 将人行步道作为整个小街区和密路网设计的重点，人流可以完全渗入每一个单体街区的各个部分，且以一个完整的慢行步道体系覆盖整个 BLOCK，人们可以选择从路面或是空中进入想要去的每个地方，如

图 7-50所示。

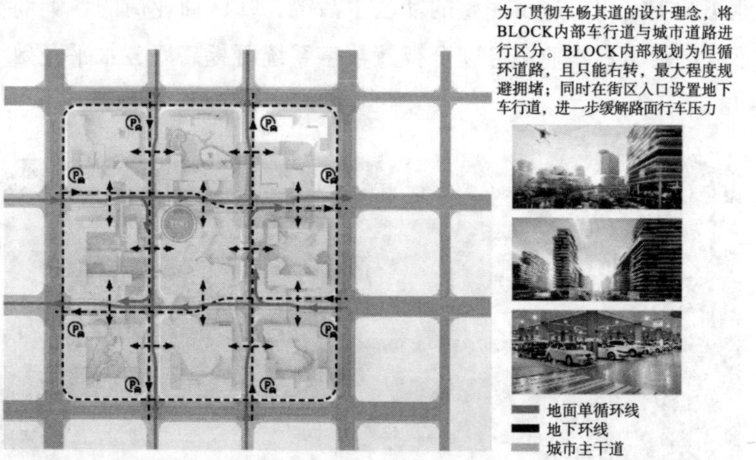

图 7-49　车流线示意

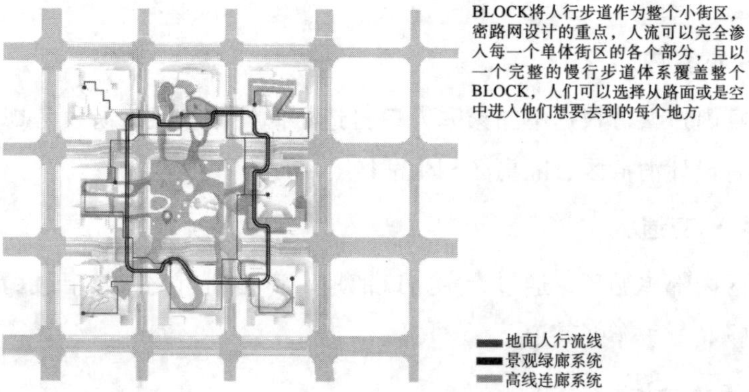

图 7-50　人行流线示意

三、MIX B. L. O. C. K 未来社区街区创新应用

（一）技术方案

性能化分析。考虑住宅西晒，通过设置固定遮阳，实现建筑夏季辐射量降低约 47%的目标；综合分析建筑表面及场地辐射情况，辅助项目立体绿化、太阳能光伏设置，以及室外活动场地的设计；通过 BLOCK 社区日

照分析，优化建筑排布与户型，满足日照小时数要求；分析西侧户型眩光，通过设置固定遮阳构件，产生较好的遮阳效果，避免眩光；针对建筑东、西、南多向户型，结合外挑遮阳构件出挑距离及户型朝向窗墙比进行室内采光及建筑能耗等维度分析，设计师提供方案并进行选择。

被动式策略。发挥低能耗建筑优势，打造节能窗、整体气密性、外保温材料、厨卫通风、自然采光、无热桥设计、新风热回收，做到更节能、更舒适、更好空气品质、更高质量保证。

主动式策略。这包括分项计量与智能监控、太阳能光伏、绿色照明、室内空气质量、空气源热泵热水系统、屋顶绿化、可调节遮阳、风光互补路灯、海绵城市、节水设备、光导照明。

西向遮阳。采用可调百叶、自遮阳、智能玻璃。

资源节约与再利用（图 7-51）。

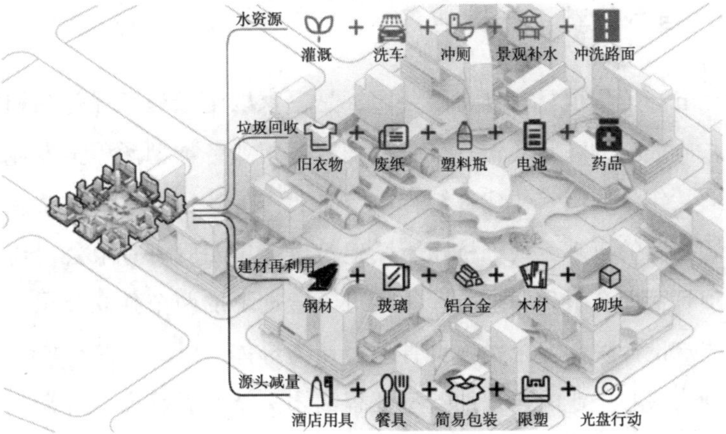

图 7-51 资源节约与再利用

（二）创新应用构想

项目根据政策，对容积率计算规则调整、绿地率计算规则调整、建筑密度、建筑退界可突破地块用地限制、日照时数、建筑高度、停车位配置等方面提出了创新建议。综合多方考虑，商业空间、花园入户、人才公寓等项目均具有落地性与可行性，能够实现城市形象和经济效益的双赢。

（三）其他创新构想

项目其他创新构想包括：开拓屋面交际性空间，低价值空间设计为垂直农场，从“车有其库”到“停有所位”，延伸地下场景，基于数据分析的社区创业信息推送设计，未来社区生活物资循环设计，构建社会信用体系，卖方市场到买房市场的模式转变。

第六节　五洲·千城未来社区建设经验

五洲管理、千城建筑将力争实现打造国际知名顾问咨询公司的宏远目标，致力于成为中国建筑服务业改革先行者、探索者、推动者。在未来社区建设中，五洲千城的建设经验可总结如下。

一、自身优势，支撑业务

浙江五洲工程项目管理有限公司，是一家以全过程工程咨询和工程总承包为核心战略的顾问公司、工程公司，公司业务类型涵盖全专业、全产品，连续六年位居国家住建部综合排名前十，在2019年公布的最新排名中位居全国第四的卓越成绩。杭州千城建筑设计集团股份有限公司与浙江五洲工程项目管理有限公司是一套领导班子管理下的两个独立公司，是一家以甲级建筑设计院和综合性项目管理公司为母体，以工程总承包和全过程工程咨询为核心主业的科技创新型工程集团。企业立足高端咨询、高端品牌、高质量发展，可提供设计、代建（项目管理）、监理、咨询、造价、招标、绿色建筑咨询、医院及学校建设管理、未来社区建设管理等专业服务，是国内为数不多的综合性工程项目管理品牌服务商。经过数十年的发展，五洲千城已经领跑中国建筑服务业，其全专业、全产品的业务类型也为其成为未来社区建设一站式服务商奠定了基础。

二、研究先行，助力实践

2019年3月，五洲千城成立五洲·千城未来社区研发中心，是浙江省最早从事未来社区研究的机构之一。五洲·千城未来社区研发团队由工程建设领域全过程、全专业、全注册的各类专业高端人才组建而成。其后，依托当前五洲管理、千城建筑所服务的12个未来社区全过程咨询与设计项目，未来社区研发中心对前期策划、土地开发、市场调研、资金平衡、运营前置、场景设计、运营模式、业态策划、投融资模式、实施方案等方面展开了一系列课题研究，取得较丰富的研究成果。这些研究成果能为五洲·千城未来社区实践建设提供理论基础与数据支撑，使得五洲·千城未来社区研发中心具备专业而全面的未来社区设计咨询服务能力，能够为客户提供未来社区全过程工程咨询、项目选址与申报、实施方案编制、工程总承包等多元化服务产品，保障客户效益最大化。

三、产研合作，提升价值

2019年8月，五洲管理获批设立博士后工作站，并于同年12月入站第一位博士后。截至目前，现有2名博士后在站人员。博士后工作站紧密围绕企业战略发展目标，同时集成企业已有的2个国家级高新技术企业、2个省级研发中心的创新平台优势，组建全企业内外协同、联合攻坚的平台，以未来社区建设、全过程工程咨询、工程总承包、智慧建造、绿色建筑等专业课题为目标开展系统性、深层次的研究，全力打造具有创新研发、检验检测、中试孵化、技术咨询、方案设计、推广应用功能的创新研发与成果产业化平台，旨在以创新研发支撑企业高端咨询服务能力的培育，为企业参与未来社区建设提供智力服务。同时，五洲·千城与浙江工商大学工商管理学院签订战略合作协议，为未来社区项目建设提供强大的技术及人才。

四、政府智库，支持专业

五洲管理和千城建筑是浙江省未来社区发展研究中心理事会成员单位、浙江省未来社区技术支撑单位、未来社区试点建设产业联盟成员单位，具有丰富的全产业合作资源，参与多项未来社区、全过程工程咨询相关的课题研究、技术性导则编制、政策文件起草等工作。如在浙江省发展改革委委托下启动未来社区管理办法和相应政策起草编制工作，参与编制了《浙江省未来社区试点建设管理办法（试行）》《关于高质量加快推进未来社区试点建设工作的意见》与《浙江省未来社区试点建设全过程工程咨询服务指南》。此外，还参与未来社区项目动态监测，参与浙江省未来社区发展研究中心的建设与运作等。这些政府智库活动加深了企业对未来社区内涵的理解，为企业参与未来社区建设提供帮助。

五、战略联盟，对标国际

五洲管理和千城建筑与国际排名前十的新加坡 DP 设计、国际顶尖咨询公司美国 AECOM 等达成战略合作。DP 建筑师事务所是新加坡最大的专业建筑师事务所之一，也是社区建设的先行者，在新加坡有大量优秀社区的设计实践案例，其设计的波滨尼天地是浙江省来南社区的对标工程。AECOM 是全球首屈一指的一体化基础建设公司，在全球提供设计、建造、金融和运营基础设施资产等服务。在未来社区建设管理过程中，AECOM 国际视野与社区建设先进理念的引入将大大提升项目建设品质与服务品质。

第八章　结论与展望

第一节　结　论

社区是构成城市的基本单元，也是民众生活的空间场域。中国自20世纪30年代引入社区概念，80年代将社区概念引入城市管理，至今已有近四十年历史，社区已成为民众普遍认可的最小城市行政单元与治理单元。2019年初，随着首次将“未来社区”写入政府工作报告，浙江省开启了社区建设的新征程。未来社区建设是一项惠及群众的民生工程，更是一项社区建设与区域发展的创新工作。未来社区实践建设需要相关理论给予指导，同时也需要对实践建设工作进行总结。因此，本书的主要工作为两大部分：一是从社区建设理念发展角度，系统梳理社区建设的理论基础与社区建设理念；二是从未来社区建设实践角度，提炼全球典型未来社区建设国家与地区的经验，以及总结浙江省未来社区建设实践经验。本书的主要贡献体现在以下几方面。

（一）社区建设理念及其发展脉络

社区建设理念并不是凭空产生的，而是基于当时特定社会现状、技术条件以及人类需求而形成的，梳理社区建设理念与建设模式有助于指导未来社区建设。本书从社区概念出发，通过社区建设基础理论分析，重点讲述了几种典型的社区建设理念及在该理念指导下的社区建设模式，社区建设理念发展与世界经济技术水平、社会发展、人类需求与思想意识等人类社会大环境因素息息相关。不同时代的社会矛盾与时代需求，产生了适应与响应时代发展的社区建设模式。在此基础上，从学理上对未来社区的内涵及其特征进行阐述。

（二）国际典范国家与地区未来社区建设经验

未来社区建设在全球其他国家或地区已有成功经验，吸取国际未来社区建设成功经验将有助于浙江省未来社区建设。本书选取了全球未来社区建设典范的新加坡、日本与中国香港地区作为经验借鉴对象，通过对新加坡、日本与中国香港地区未来社区建设背景、建设理念以及其建设最佳实践的案例的深入分析与总结，提炼出典范国家与地区未来社区的建设经验。如新加坡未来社区建设注重以人为本，规划先行，通过完善的法律保障未来社区建设，采取政府主导与居民自治相结合。这些经验可为浙江省未来社区建设提供参考与借鉴。

（三）浙江省未来社区建设目标及其实践经验

浙江省在国内率先提出“未来社区”的试点建设工作计划，并确立未来社区是围绕“促进人的全面发展和社会全面进步”，提出“一心三化九场景”的未来社区系统架构，旨在构建一个有归属感、舒适感和未来感的新型城市功能单元。本书以五洲千城未来社区建设实践为基础，选取了多个未来社区建设实施案例，通过对案例中未来社区建设的项目定位、空间布局与形态、功能配置与建设内容、场景系统打造、建筑运营管理等展示与分析，从企业参与未来社区角度总结了五洲千城未来社区建设的经验。这些实践经验可为浙江省其他企业参与未来社区建设提供参考与借鉴。

第二节　展　望

未来社区是在我国语境下人们追求跨越简单居住模式的新的“生产—生活—生态”耦合模式，代表着我国城市居住区规划、建设和社区治理的创新方向[43]。“未来”两字本身蕴含过程性与状态性两层含义。浙江省未来社区建设实践仅开展两年，研究与实践都尚处于起步阶段，仍处于探索性建设阶段。随着未来社区试点建设项目的不断增多，以及前期试点项目的投入使用，未来社区建设与运营的问题将逐渐暴露。如未来社区存在邻里塑造客观障碍、新兴场景制度瓶颈、技术应用潜在风险、各方利益平衡难题等可能的风险与难点。因此，亟须对未来社区建设顶层设计、微观建设、制度创新、营造模式等方面进行系统推进，为未来社区建设顺利开展提供保障。

参考文献

[1] [德] 汉斯·萨克塞. 生态哲学 [M]. 文韬，佩云，译. 北京：东方出版社，1991.

[2] 吴良镛. 人居环境科学导论 [M]. 北京：中国建筑工业出版社，2001：21.

[3] 曾栋，郭佩文. 数字治理在我国城市善治中的实践与启示——基于珠海横琴智慧城建设经验 [J]. 法制与社会，2018 (29)：121-123，142.

[4] PASKALEVA，ANTONOVA K. Enabling the smart city：The progress of city e-governance in Europe [J]. International Journal of Innovation & Regional Development，2009，1 (4)：405-422.

[5] 马健. 可持续社区的设计理念和方法研究 [D]. 天津大学，2003.

[6] 杨芸，祝龙彪. 建设生态社区的若干思考 [J]. 重庆环境科学，1999，21 (5)：18-20.

[7] 汪敏，陈瑞丹，王如松. 居住区生态服务功能补偿研究——以扬州海德公园居住区为例 [J]. 中国园林，2010 (3)：85-89.

[8] 中共成都市委政策研究室. 城乡一体化："五朵金花"的启示——成都市锦江区统筹城乡发展的生动实践 [J]. 理论视野，2006 (2)：11-12.

[9] 杨德昭. 新社区与新城市 [M]. 北京：中国电力出版社，2006.

[10] 闵雷，熊贝妮. 宜居型社区规划策略研究——以武汉低碳生态社区规划为例 [J]. 规划师，2012 (6)：18-23.

[11] 崔鹏，李德智，陈红霞，等. 社区韧性研究述评与展望：维度和评价 [J]. 现代城市研究，2018 (11)：120-125.

[12] 蒋俊杰．从传统到智慧：我国城市社区公共服务模式的困境与重构 [J]．浙江学刊，2014 (4)：117-123.

[13] 梁靖廷，谢小微．未来社区建设开发模式思考——以杭州为例 [J]．浙江经济，2019 (18)：52-53.

[14] 刘晶晶，施楚凡．未来社区在浙江的实践与启示 [J]．现代管理科学，2019 (11)：72-74.

[15] 陈成．新加坡城市建设与社区治理的做法及其借鉴 [J]．理论与当代，2020 (3)：53-56.

[16] 豪石．新加坡基层社会治理做法及经验 [J]．中国民政，2016 (21)：57-59.

[17] 王夏青．新加坡社区管理及其对我国的启示 [J]．科技经济导刊，2017 (7)：249.

[18] 张威，刘佳燕，王才强．新加坡社区服务设施体系规划的演进历程、特征及启示 [J]．规划师，2019，35 (3)：18-25.

[19] 王承慧．社区规划制度化的路径探讨——基于美国纽约、韩国首尔和新加坡的比较 [J]．规划师，2020，36 (20)：84-89.

[20] 赵大生．新加坡的社区建设 [J]．社区，2004 (3)：29-30.

[21] YEH，STEPHEN H K Public housing in Singapore：a multi-disciplinary study [M]. Singapore：Singapore University.

[22] 王松涛，任荣荣，龙奋杰．住房市场的政府干预：来自新加坡的启示 [J]．城市发展研究，2008 (3)：122-127.

[23] 武文霞．新加坡组屋建设与管理经验及其启示 [J]．建筑经济，2015 (1)：82-85.

[24] YONG TU. The Macro Impacts of Public Resold Dwellings on Private Housing Prices in Singapore [J]. Review of Urban & Regional Development Studies，2003，15 (3)：191-207.

[25] Singapore Department of Statistics. Economic& social statistics Singapore 1960~1982 [M]. Singapore：Singapore National Printers Pte Ltd，1983.

[26] ADDAE-DAPAAH，LEONG KM. Housing finance for the ageing singapore population：the potential of the home equity conversion scheme [J].

Habit international，1996（4）：625-634.

［27］孙雁，方洁．邻里中心在新加坡社会治理中的功能与借鉴［J］．创意城市学刊，2019（3）：112-122.

［28］赵壹，何晓川．新加坡邻里中心发展经验对成都社区综合体建设的启示［J］．中华建设，2019（14）：62-63.

［29］谭博裕．新加坡"邻里中心"社区商业模式对中国的启示［J］．技术与市场，2011，18（8）：256-257.

［30］李琳琳，李江．新加坡组屋区规划结构的演变及对我国的启示［J］．国际城市规划，2008（2）：109-112.

［31］吴雅馨，蒋卓君．"新加坡模式"："组屋"体系下的可支付宜居住房——以淡滨尼新镇为例［J］．住区，2020（4）：48-51.

［32］李宁春．日本社区养老模式调研［J］．保险理论与实践，2020（4）：98-120.

［33］梁宏飞．日本韧性社区营造经验及启示 ——以神户六甲道车站北地区灾后重建为例［J］．规划师，2017（8）：38-43.

［34］邢玉冠，傅娟．日本 Society 5.0 构想及对我国未来社会发展的启示［J］．中国经贸导刊，2019（16）：23-26.

［35］安嘉伟．香港地区社区建设经验分析［J］．中文信息，2016，（2）：355.

［36］中华人民共和国香港特别行政区．行政长官 2020 施政报告［Z］．2020-11-25.

［37］张大维．从社会服务看香港社区发展理念（一）如何理解香港的"社区"［J］．社区，2011（7）：42-43.

［38］陈翌．香港的公共屋村和居者有其屋计划［J］．中国工商，1993（3）：27-29.

［39］王琳．香港社区建设经验探索与借鉴［J］．广东培正学院论丛，2010，10（2）：1-7.

［40］谈小燕，邓进．香港培育发展社区社会组织的经验借鉴［J］．社会治理，2019（6）：84-88.

［41］杨婕娱．社会治理实践中社会工作介入拆迁安置社区的研究——

基于香港与大陆的比较分析［J］．中南大学学报，2014（5）：96-103.

［42］刘俊祥．论城市社区的民主合作治理［J］．云南行政学院学报，2010（5）：4-8.

［43］袁奇峰，钟碧珠，贾姗，等．未来社区：城市居住区建设的有益探索［J/OL］．规划师，2020（21）：27-34.

致 谢

本书由浙江五洲工程项目管理有限公司与浙江财经大学合作完成，也代表着未来社区建设与研究的产学研合作成果。在本书策划与撰写过程中，主创团队得到了政产学研多方的支持与帮助，在此表示最衷心的感谢。

感谢浙江财经大学社区治理研究团队在文献资料、理论分析、框架拟定等方面的大力支持。

感谢浙江财经大学工程管理专业学生张飞、章明珠、钱建丽、陈龙凤、戴钜对经验借鉴国家或地区资料的收集与经验提炼，陈思珂、安梓豪、王紫煊、朱玉洁对社区建设模式资料的收集整理以及对五洲·千城未来社区建设案例的整理与总结。

感谢浙江五洲工程项目管理有限公司执行总经理柴恩海先生提供的新加坡社区建设图片。

最后，特别感谢浙江省发展和改革委员会领导们对于本书的指导与肯定。

作者团队

2021年8月